Contents

Acknowledgements   1

Introduction   2

Unité 1 La vie urbaine et rurale   5
EXTRAIT TELEVISE 1A: La désertification de la campagne   5
ARTICLE DE PRESSE 1A: La femme du boulanger   7
EXTRAIT TELEVISE 1B: Circulation à Strasbourg   10
ARTICLE DE PRESSE 1B: Les rues piétonnes   11

Unité 2 Le transport   14
EXTRAIT TELEVISE 2A: Les phares jaunes   14
ARTICLE DE PRESSE 2A: L'alcootest à 5F   16
EXTRAIT TELEVISE 2B: Trains: réseau privé   18
ARTICLE DE PRESSE 2B: Les chats du rail   21

Unité 3 L'environnement   23
EXTRAIT TELEVISE 3A: Pavés classés   23
ARTICLE DE PRESSE 3A: La tour Eiffel   26
EXTRAIT TELEVISE 3B: Voiture alco-végétale   28
ARTICLE DE PRESSE 3B: Massacre du paysage français   30

Unité 4 La science et la technologie   33
EXTRAIT TELEVISE 4A: Biosphère en Arizona   33
ARTICLE DE PRESSE 4A: Un œuf de dinosaure   35
EXTRAIT TELEVISE 4B: Mini-téléphone de poche   38
ARTICLE DE PRESSE 4B: Puces antivol   40

Unité 5 L'éducation   43
EXTRAIT TELEVISE 5A: L'enseignement des langues   43
ARTICLE DE PRESSE 5A: Les séjours à l'étranger   46
EXTRAIT TELEVISE 5B: L'importance de la lecture   49
ARTICLE DE PRESSE 5B: Nicole brouillée avec les lettres   51

Unité 6 Le monde du travail   54
EXTRAIT TELEVISE 6A: Le travail dominical   54
ARTICLE DE PRESSE 6A: Près d'un salarié sur deux travaille le samedi   56
EXTRAIT TELEVISE 6B: Eclairement dans les usines   59
ARTICLE DE PRESSE 6B: La soupape du «noir»   61

Unité 7 Les médias   64
EXTRAIT TELEVISE 7A: *L'Humanité*   64
ARTICLE DE PRESSE 7A: Ce petit dernier qui dérange   66
EXTRAIT TELEVISE 7B: Les prix de la télévision   69
ARTICLE DE PRESSE 7B: Le langage, victime de la télé   71

iv

Unité 8 Les loisirs — 74

EXTRAIT TELEVISE 8A: Neige et ski — 74
ARTICLE DE PRESSE 8A: Dangers de l'été — 76
EXTRAIT TELEVISE 8B: Un peintre moderne: Chauray — 79
ARTICLE DE PRESSE 8B: Voici l'âge de votre repas — 81

Unité 9 La société — 84

EXTRAIT TELEVISE 9A: Métiers et jeunes — 84
ARTICLE DE PRESSE 9A: Emploi – comment trouver l'entreprise idéale — 86
EXTRAIT TELEVISE 9B: Boutiques de l'abbé Pierre — 89
ARTICLE DE PRESSE 9B: Une nuit à Nicolas-Flamel — 91

Unité 10 Le monde de la politique — 94

EXTRAIT TELEVISE 10A: L'immigration — 94
ARTICLE DE PRESSE 10A: Le vote du Val-Fourré – un conseil de quartier — 96
EXTRAIT TELEVISE 10B: Les femmes au parlement — 99
ARTICLE DE PRESSE 10B: Reconstruire la famille — 101

«Savoir-faire»: Practical skill development for working with French — 105

Dictionary use — 105
Note-taking — 111
Summarising — 112
Formal letter-writing — 116
Taking part in a discussion — 122
Making a presentation — 124
Making telephone calls — 125
Receiving a business visitor — 128

Transcripts — 132

Key — 151

DOSSIERS

Peter Dyson

Valerie Worth-Stylianou

Centre for Modern
Languages
Plymouth Campus

John Murray

© Graham Bishop, Peter Dyson, Valerie Worth-Stylianou 1995
First published 1995
by John Murray (Publishers) Ltd
50 Albemarle Street, London W1X 4BD

ISBN 0 7195 7106 5
Video cassette 0 7195 7107 3
Audio soundtrack cassette 0 7195 7109 X

Layouts by George Bowman, Bowberry House Design
Typeset by Wearset, Boldon, Tyne and Wear
Printed and bound in Great Britain by St Edmundsbury Press, Bury St Edmunds

A CIP record for this book is available from the British Library.

Acknowledgements

The authors and publishers would like to thank France Télévision for permission to use extracts from their news reportage on the TV channel France 2, transcripts of which are reproduced on pp. 131–50.

We are also grateful to the following sources for permission to reproduce printed extracts:

Marie France: 8/92 *La femme du boulanger*, p.8

Le Monde: 10/4/94 *Les rues piétonnes*, p.12; 24/11/93 *Une nuit à Nicolas-Flamel*, p.92

Le Figaro: 24/5/93 *L'alcootest à la portée de toutes les bouches*, p.17; 24/8/93 *Les chats du rail anglais en péril*, p.21; 6/1/94 *Le massacre du paysage français*, p.31; 15/7/93 *De la graine de dinosaure dans l'œuf d'Amérique*, p.36; 25/2/93 *Des puces antivol pour les voitures*, p.41; 3/2/93 *Apprentissage des langues*, p.46; 19/4/93 *Près d'un salarié sur deux travaille le samedi*, p.57; 4/9/93 *Le langage, victime de la télévision*, p.72; 25/9/93 *Voici l'âge de votre repas*, p.82; 8/2/93 *Emploi: comment trouver l'entreprise idéale*, p.87; 21/12/93 *Reconstruire la famille*, p.102; 5/4/94 *Raymond Savignac*, p.110

L'Evénement du Jeudi: 20/1/94 *A qui appartient la tour Eiffel?*, p.26

Le Nouvel Observateur: 8/1/88 *Nicole, brouillée avec les lettres*, p.52; 20/1/94 *Ce petit dernier qui dérange*, p.67; *Le vote du Val-Fourré*, p.96

L'Express: 16/12/93 *La soupape du «noir»*, p.62

La Une: *Dangers de l'été*, p.77

Le Point: 20/9/93 *L'Europe prise a la gorge*, p.114

Photographs and illustrations are reproduced courtesy of the following sources:

Citroën: p.41

Philippe Gauckler: p.12

Keith Gibson: p.57

M. Massi/Editing: p.62

Vidocq Photo Library: pp.8, 21, 31, 36, 46, 52, 67, 72, 77, 92, 96,

Zefa Pictures: pp.26 and 102

Illustrations on pp.17 and 82 by Tom Cross

The photographs illustrating the *extraits télévisés* are taken from the *extraits*.

Our thanks also go to Alan Carroll for his work on producing the video cassette; our French language consultant, Philippe Laplace; and to Alexa Parr and Florian Reinaud who present the video extracts.

Introduction

Dossiers France Télévision is a media-based resource for intermediate and advanced students of French. You will find it highly suitable if you are following an A level, AS level, or Higher course, and it is also carefully designed to meet the needs of students on vocational language courses at intermediate level or above. You will also find it valuable if you are studying or revising French for business use.

This resource brings together two types of authentic material:

• clips from French TV news – *Extraits télévisés*
• items from the French press – *Articles de presse*.

These are organised in ten topic-based units. Each unit contains an A section and a B section, each including one *Extrait télévisé* and one *Article de presse*. *Extrait télévisé A* and *Article de presse A* are exploited through activities at an easier, intermediate level; they are ideal to help you make the transition from GCSE to A level or from Standard Grade to Higher. The second pair of items, *Extrait télévisé B* and *Article de presse B*, are more demanding and are exploited through more challenging activities. Progression is thus possible within any topic. In all other respects, the units are designed to be free-standing, so may be used in whatever order is appropriate to your particular course.

The exercises and activities based on the clips and articles take three forms, under the following headings:

• *Vous avez bien compris?* (comprehension exercises)
• *Un peu de grammaire* (exercises on grammar and idiom)
• *Projets pratiques* (practical, productive activities).

Within each unit these exercises and activities, first for level A and then for level B, follow the pattern described below:

Extrait télévisé: Vous avez bien compris?

Studying extracts from French media gives an invaluable insight into French culture and preoccupations, as well as providing fully authentic language in the context of a specific topic. At first it may prove difficult to follow French spoken at normal speed, and so we have tried to make the clips more accessible in two ways:

• by suggesting some activities to be done before the clip is played, to familiarise yourself with key words and references
• by prefacing each clip with a short introduction by a young French presenter in the studio, to explain the context and focus of the clip itself. During this introduction French terms and acronyms that may be unfamiliar are sub-titled, so that they are more easily recognised and understood when heard.

A wide variety of comprehension tasks follows up each clip. You will probably need to view the clip several times, using the pause or rewind button, to check more difficult passages and work out detailed answers to these exercises. Transcripts of the studio introductions and the clips themselves are provided at the end of the book, and it may be useful to follow the transcript during the final viewing in order to identify any remaining problems of comprehension.

A key for selected exercises is given on pp.151–60.

Extrait télévisé: Un peu de grammaire

The grammar exercises provide opportunities to:

- consolidate your understanding of basic grammatical patterns
- extend your command of various common idioms and structures.

In each unit, the grammar exercises focus on one or more key points arising out of the video clips. A brief explanation of the point leads into follow-up exercises using the grammatical point within contexts related to the topic of the unit. A suggested key for these exercises is given on pp.151–60.

Extrait télévisé: Projets pratiques

The *projets pratiques* provide a broad range of guided and free-writing activities which take up and develop the theme of the clip. They focus on the specific practical skills that are explained in detail in the *«Savoir-faire»* section, for example formal letter-writing, making a presentation, and conducting a telephone conversation. You may select the task(s) best suited to your own learning purposes. The brief for each task clearly defines the theme and the form of the written or oral work to be done, and cross-references to the skill guidelines in the *«Savoir-faire»* section are signposted by a symbol (see below under *«Savoir-faire»*). These skill guidelines should be consulted and revised before you tackle a *projet marked with a skill symbol.*

Article de presse: Vous avez bien compris?

The articles, drawn from a wide range of daily newspapers and weekly magazines, provide a fresh angle on each topic. The comprehension questions encourage both broad comprehension and closer study of the text.

Article de presse: Projets pratiques

Like the tasks based on the *Extraits télévisés*, those based on the press articles are varied but practical, developing skills that will be essential when using French in a vocational, professional or business context. The final task, headed *«Et pour finir ...»* rounds off the work on the topic at each level, bringing together the themes of the clip and the article in a brief designed to allow you to draw on your own experiences and ideas.

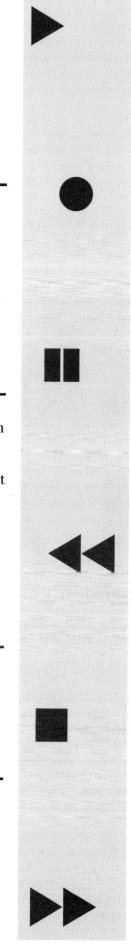

The «Savoir-faire» section: Practical skill development for working with French

These practical, step-by-step guidelines (in English) at the end of the book will help you to develop key communicative skills that are of vital importance to those using, or planning to use, French in a professional context. There is a section on each of the following skills:

dictionary use

note-taking

summarising

formal letter-writing

taking part in a discussion

making a presentation

making telephone calls

receiving a business visitor.

These communicative skills feature strongly in most recent A level courses as well as being core to vocational and business language study.

You may choose to focus on certain sections of the *«Savoir-faire»* to suit your own particular needs, or to use them in whatever order suits your course of study. Each skill is explained clearly, with a wealth of useful advice and information. The explanations are followed by Assignments to provide practice in each of the skills.

Each of the *«Savoir-faire»* skills is identified by a symbol, as given in the list above. These symbols are also used in the *Projets pratiques* to show how they relate to particular skills in *«Savoir-faire»*.

An audio cassette containing the soundtrack of the video is available separately (ISBN 0 7195 7109 X) for individual home use and/or listening comprehension practice.

1 La vie urbaine et rurale

Préféreriez-vous vivre à la campagne ou en ville? En France le XXe siècle est celui de l'exode rural. La France était autrefois un pays fortement agricole, mais de plus en plus de familles ont quitté la campagne, espérant trouver un meilleur style de vie dans une grande ville. Les personnes qui restent dans les villages et dans les fermes isolées se trouvent souvent victimes de cette désertification de la campagne, comme le montre l'exemple d'un petit hameau dans notre premier extrait télévisé.

EXTRAIT TELEVISE 1A: La désertification de la campagne

▮▮ Vous avez bien compris?

Avant de regarder la vidéo ...

1 Trouvez le département de l'Aude sur une carte de France.

2 Choisissez dans la liste ci-dessous les définitions qui correspondent aux expressions suivantes:

a un hameau
b une commune
c limiter
d se répartir
e une écharpe
f un coup de foudre
g l'arrière-pays
h un coup de pouce
i écarter

i une région administrative
ii l'emblème d'office porté par un maire
iii faire un grand effort
iv placer à distance
v un grand amour
vi un petit groupement d'habitations
vii de l'aide
viii se distribuer
ix la campagne isolée

Après avoir regardé la vidéo ...

1 Répondez aux questions suivantes:

a Que fait Madame Rigaill afin de mettre en garde le gouvernement français quant aux problèmes de la campagne?
b Comment est la vallée où elle habite?
c Il y a combien d'enfants au village?
d Que dit-on sur l'état de l'église du village?
e Qu'est-ce que Madame Rigaill a fait pour encourager le tourisme?

2 Dans le contexte du reportage, laquelle des deux options est la plus exacte?

  a i) Les enfants partent pour l'école à l'aube.

  ii) Les enfants partent de très bonne heure.

  b i) Il y a deux fois moins d'habitants maintenant que juste après la guerre.

  ii) La population a diminué de beaucoup depuis quarante ans.

  c i) Madame Rigaill a démissionné parce qu'elle croit que la situation du village n'offre aucun espoir pour l'avenir.

  ii) Elle a rendu son écharpe pour prévenir les autorités des dangers qui menacent les régions rurales.

▌▌ Un peu de grammaire

Le passé composé ou l'imparfait?

Le reportage évoque le contraste entre le passé et le présent en ce qui concerne la vie rurale. Le journaliste utilise donc le passé composé et l'imparfait:

Le passé composé pour parler d'une action qui s'est achevée:

• le maire *a rendu* son écharpe

L'imparfait pour évoquer la durée d'une situation:

• Ils *étaient* 250 habitants juste après la guerre.

Entraînez-vous!

Voici un reportage sur un autre village, cette fois-ci en Normandie. A vous de décider lesquels des verbes entre parenthèses doivent être au passé composé, lesquels à l'imparfait:

Ver-sur-Mer, petit village tranquille de la Basse-Normandie, (RECEVOIR) plus de 50.000 touristes cet été. Il y a neuf mois les élus locaux (DECIDER) de faire de la publicité pour attirer les étrangers. Alors ils (CHOISIR) de belles photos de la plage de sable fin, ils (PREVOIR) des clubs de vacances pour les enfants, et ils (ORGANISER) une fête très sympathique pour le 14 juillet. Pour ceux qui (AVOIR) une résidence secondaire à Ver-sur-Mer – certains Parisiens, par exemple – il y (AVOIR) la possibilité de louer la maison en passant par le Syndicat d'initiative.

Comment les habitants du village (VIVRE) l'expérience? Le tourisme (BOULEVERSER) leur rythme de vie? Pas trop, selon Madame Jaquard, 65 ans:

– En juillet je (PRENDRE) l'habitude de faire mes courses tôt le matin, avant les touristes, c'est tout! En août deux jeunes Anglaises (LOUER) une chambre chez nous. Chaque matin, elles (SE LEVER) vers huit heures, et comme elles (PASSER) presque toute la journée à la plage, souvent je ne les (REVOIR) pas avant six heures. Et chaque soir elles (SORTIR), elles (ALLER) danser ou bien elles (SE PROMENER) avec des amis.

– Et maintenant tous les touristes (PARTIR), les habitants (REPRENDRE) leur train de vie quotidien, mais le Syndicat d'initiative (ANNONCER) déjà des projets ambitieux pour l'an prochain!

Projets pratiques

▶▶

1 Ecoutez et regardez bien le reportage. Madame Rigaill dit qu'elle n'a pas «crié assez fort que [le village] était en train de mourir» au Département, à la Région et à l'Etat. Imaginez un rendez-vous avec le Président du Conseil général au cours duquel vous élaborez vos idées pour sauvegarder l'avenir de la commune et pour développer sa potentialité. Vous pourriez lui exposer par exemple:

   - la beauté de son paysage
   - ses attraits pour le camping
   - l'aménagement de sentiers balisés pour des randonnées (à pied, à cheval, à vélo)
   - le potentiel de fermes-auberges, gîtes d'étape, gîtes ruraux, chambres d'hôte.

   Avec un(e) partenaire préparez les questions et les réponses. Enregistrez la conversation qui en résulte et analysez-la avec d'autres partenaires afin de la mettre au point.

2 Rédigez un rapport écrit sur le tourisme vert à Clairmont, destiné au Préfet de la Région, où vous élaborez les propositions dont vous avez discuté avec le Président du Conseil général.

▶▶

ARTICLE DE PRESSE 1A: La femme du boulanger

Pour ceux qui continuent à habiter à la campagne, la vie quotidienne peut se révéler difficile. Par exemple, comment faire ses courses? Les grandes surfaces sont trop loin si vous ne conduisez pas, et les maisons isolées se trouvent parfois à quelques kilomètres même d'un petit commerce. Alors, certains commerçants font une tournée quotidienne, comme Madame Cambray, boulangère en Auvergne. En fait, une telle personne joue un rôle essentiel dans sa petite communauté, car elle assure le lien entre les habitations les plus reculées et le monde extérieur.

▌▌ Vous avez bien compris?

Avant de travailler sur l'article ...

Cherchez l'Auvergne sur la carte de France.

Après avoir lu l'article ...

1 Donnez les détails suivants sur Huguette:
   a le métier de son père
   b le nom de son village d'origine
   c ses études
   d le nom de son mari
   e son âge à elle
   f les noms de ses enfants
   g son tempérament.

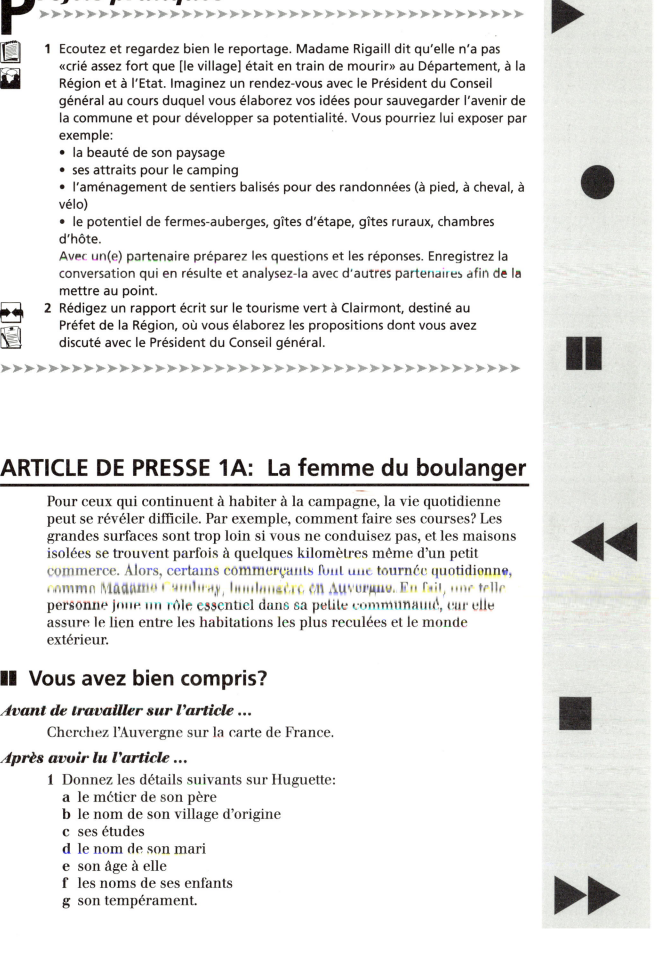

Au pays de Gaspard des Montagnes, en Auvergne, Huguette Cambray, la femme du boulanger, sillonne le canton de Saint-Amant-Roche-Savine au volant de son commerce ambulant. Porteuse de pain et de nouvelles, elle est un peu la providence pour ses clients âgés et isolés, uniques occupants parfois du village ou du hameau.

Rien ne destinait Huguette, fille d'un marchand de vaches du Verdier, petit village du Livradois, au métier de la boulange. Electrotechnicienne diplômée, elle espérait qu'une entreprise allait s'intéresser à elle quand elle fit la rencontre de sa vie il y a quelques années. Depuis, elle est l'épouse de Jean-Paul, le boulanger de Saint-Amant-Roche-Savine, petite commune de cinq cents âmes, et la mère de deux garçons, Cédric et Jérémy. Jean-Paul fait le pain, elle le distribue tous les jours dans les villages les plus reculés qui n'ont pas droit aux boutiques.

Il y a vingt ans, ils étaient encore quatre ambulants à faire les tournées de campagne. Aujourd'hui, à 34 ans, Huguette est seule dans un canton de dix-huit mille personnes. Elle veut faire vivre son pays et, tous les jours, sauf le lundi, elle parcourt son domaine, quel que soit le temps. Une tournée, c'est un véritable spectacle, rythmé par des

rencontres et des rituels. C'est aussi une épreuve physique. Mais Huguette ne se départ jamais de son sourire et de sa patience.

Ce matin, la montagne est brumeuse, signe qu'il fera beau. Huguette prépare le camion Citroën C 35 spécialement aménagé et donne ses dernières consignes à la vendeuse qui tient la boutique sur place. Debout depuis 2 heures du matin, son mari défourne les dernières couronnes. Il cuit soixante pains par fournée, à l'ancienne, dans un four à

Huguette sait qu'on a besoin d'elle, qu'on l'attend, même dans des villages très reculés. «J'en connais qui viennent acheter du pain juste pour parler.»

sole qui donne une croûte épaisse et légèrement noircie.

Départ à 8 heures. Huguette a revêtu la blouse blanche. Pas un brin de maquillage. Elle a l'air toute frêle au volant de son camion. Impression fausse: Huguette est aussi bien capable de conduire sur la neige et sur la glace – ici les hivers ne font pas de cadeau – que d'intervenir en cas d'incident mécanique …

Premier arrêt, le col des Fourches. Après le klaxon du camion, ce sont les aboiements des chiens qui

signalent l'arrivée de la boulangère. Une dame sort de chez elle, tenant une petite fille par la main, la liste des courses dans l'autre. Il ne faut rien oublier quand on n'a pas de moyen de locomotion! Une couronne, du pâté de tête, des pommes, des bananes … Depuis deux ans, Huguette fait commerce d'épicerie.

Dare-dare, le petit camion redémarre et grimpe à mille deux cents mètres jusqu'aux Bois Noirs d'où la vue sur Ambert est magnifique. Ici nous sommes accueillis par le concert des coucous et des

bergeronnettes. La présence humaine, elle, se fait rare. Huguette ne se lasse pas d'observer ce paysage familier. Elle montre du doigt, ici, une maison fermée dont tous les hôtes sont morts; là, une ancienne verrerie abandonnée, là encore, la maison du dernier habitant âgé de 80 ans et livré à sa solitude … Mais pas question de s'attarder, il faut à tout prix respecter les horaires, car certains villageois s'inquiètent du moindre retard.

Marie France

2 Répondez aux questions suivantes:
   a Combien d'habitants y a-t-il dans le canton d'Huguette?
   b Le matin, quel est le signe du beau temps?
   c Qui reste dans le magasin pendant l'absence d'Huguette?
   d A quelle heure son mari se lève-t-il?

3 A partir des précisions que vous trouvez dans l'article, donnez quelques détails sur l'Auvergne et sur ses habitants.

4 Complétez chaque phrase dans la liste A en choisissant le complément dans la liste B:

A	B
Rien ne destinait Huguette	respecter les horaires.
Elle parcourt son domaine	signalent son arrivée.
Les aboiements des chiens	quel que soit le temps.
Il faut à tout prix	au métier de la boulange.

Projets pratiques

1 Décrivez «un événement précis» dans votre journal intime comme si vous étiez Huguette. Racontez une tournée quotidienne. Donnez des détails:
   - du temps, des arrêts, des personnes rencontrées
   - d'une description du paysage
   - de vos pensées personnelles sur les raisons pour lesquelles vous vous astreignez tous les jours à cette tournée longue et difficile
   - des réactions des gens isolés quand vous arrivez chez eux
   - des incidents imprévus pendant la tournée.

   Si possible, consultez une carte pour mieux comprendre votre itinéraire dans le canton.

2 «Elle veut faire vivre son pays». De la part d'Huguette, écrivez une lettre au Président du Conseil régional pour lui exposer les problèmes, les dangers et surtout l'utilité de ce qu'elle fait. Sollicitez une subvention de la Région pour aider Huguette à continuer son rôle social si essentiel au bien-être du pays.

3a Avec un(e) partenaire, interviewez Huguette pour le journal local. Posez-lui des questions sur:
   - la longueur de sa journée
   - le nombre de clients qui bénéficient de ses services
   - la rentabilité de sa tournée
   - les difficultés qu'elle doit affronter chaque fois et selon les saisons
   - ses vraies motivations.

3b Après, rédigez ensemble un article dans lequel vous louez son dévouement et où vous soulignez l'importance, pour les habitants de la commune, de ce qu'elle fait.

4 Organisez un débat ou un colloque avec un groupe d'étudiants sur les problèmes que confrontent les habitants des villages isolés et les meilleurs moyens de les aider. Préparez dans le détail vos arguments et essayez d'utiliser des plans, des cartes et des brochures authentiques de la région.

«Et pour finir ...»

Une vedette du cinéma a ouvert un débat télévisé en déclarant: «La campagne, c'est pour les vieux et quelques rares solitaires.» Vous écrirez une lettre à un journal régional pour exprimer votre point de vue.

EXTRAIT TELEVISE 1B: Circulation à Strasbourg

Ceux qui habitent à la campagne se plaignent de leur isolement, tandis que les citadins rêvent de s'échapper des rues étroites, des voitures, du bruit ... Les urbanistes reconnaissent qu'il faut réduire les centres-villes à des dimensions plus humaines, et favoriser la création d'espaces verts et de zones piétonnes. Mais de telles mesures ne sont pas bien accueillies de tous côtés, comme nous le verrons à Strasbourg.

▌▌ Vous avez bien compris?

Avant de regarder la vidéo ...

1 Préparez une liste des problèmes concernant la circulation dans votre ville.

2 Choisissez dans la liste ci-dessous les définitions des expressions suivantes:
   - **a** gommées
   - **b** trancher dans le vif
   - **c** un embouteillage
   - **d** un bouchon

   - **i** faire une démarche douloureuse, pénible
   - **ii** un encombrement de la circulation
   - **iii** effacées, comme on efface un mot écrit au crayon
   - **iv** une file de voitures qui ne peut pas avancer

Après avoir regardé la vidéo ...

1 Répondez aux questions suivantes:
   - **a** Que veut-on réduire en excluant les voitures du centre-ville?
   - **b** Qui peut circuler toujours?
   - **c** Combien de voitures circulent normalement chaque jour dans le centre de Strasbourg?
   - **d** De quoi les commerçants ont-ils peur?
   - **e** De quoi a-t-on besoin à Strasbourg?

2 Complétez les blancs dans le texte avec les mots exacts du reportage:
   - On pourra mieux circuler à ...., surtout avec les enfants. Je suis un peu ...., quoi.
   - Tout est .... Tout se passe bien, comme ....
   - Pas d'.........?
   - Non. Pas .... Non, c'est les vacances, donc ça .... très, très bien.

3 Les phrases suivantes sont-elles vraies ou fausses?
   - **a** Ce reportage a été fait un dimanche.
   - **b** Il est interdit de circuler à vélo dans le centre-ville.
   - **c** On est en train de construire un tramway à Strasbourg.
   - **d** Les automobilistes ne sont pas contents de cette mesure.

▌▌ Un peu de grammaire

L'emploi du conditionnel

L'aménagement d'un centre-ville exige un grand travail de planification, et toutes les personnes intéressées proposent des idées et des solutions éventuelles. Elles utilisent donc le conditionnel pour parler du présent et du passé. Deux exemples tirés de notre reportage:

Une jeune femme trouve les rues très calmes et dit:
- On *se croirait* un dimanche en plein mois d'août.

Les commerçants ont des regrets:
• Ils *auraient préféré* que l'on crée des parkings.

Entraînez-vous!

Une séance du Conseil municipal de Strasbourg sera consacrée à un débat sur la nouvelle zone piétonne. Premièrement, quelques conseillers voudraient animer cette zone. Voici une liste des mesures qu'ils prendraient. Utilisez le présent du conditionnel pour exprimer chaque proposition dans une phrase complète:

Exemple:
– plus agréable – courses, promenades
Une zone animée serait plus agréable; on viendrait y faire des courses, des promenades.
1 mères, petits enfants – ouverture d'une halte-garderie
2 création de nouveaux espaces verts
3 3ᵉ âge – proposer des visites guidées
4 grande place – organiser un festival de jazz
5 cafés, restaurants – terrasses plus accueillantes

Mais dans un deuxième temps d'autres conseillers regrettent toujours la mesure qui a été prise, et disent ce qu'ils auraient fait pour résoudre les problèmes du centre-ville d'une autre façon. Utilisez le passé du conditionnel pour exprimer chaque argument dans une phrase complète:

Exemple:
– parking: près des Halles
Nous aurions fait construire un nouveau parking près des Halles.
1 seulement deux rues piétonnes
2 interdire les poids-lourds, ne pas interdire les voitures
3 heures de pointe: plus de gendarmes
4 améliorer les transports publics (tarifs réduits 9.30–11.30 et 14.30–16.30)
5 parcmètres – durée maximum 45 mn

Projet pratique

Avec un(e) partenaire, mettez-vous à la place de deux piéton(ne)s (ami(e)s) qui se rencontrent par hasard dans le centre-ville de Strasbourg au premier jour de la création des zones piétonnières. Recréez leur conversation:
• réactions, craintes, enthousiasmes
• surprise, plaisir, mécontentement.
Décidez bien sûr à l'avance de l'attitude générale des deux participants (pour ou contre) et indiquez leur rôle dans la vie (employé(e) de bureau, ménagère, commerçant(e), touriste, etc.).

ARTICLE DE PRESSE 1B: Les rues piétonnes

Cela fait plus de vingt ans que les rues piétonnes sont privilégiées dans l'aménagement de bon nombre de villes. Il était temps d'en faire le bilan. Quelles sont les conséquences pour la vie d'un quartier, pour l'habitat, pour les commerces? Les urbanistes vont-ils rechercher d'autres façons d'animer les centres-villes? Voici les résultats d'une enquête qui compare les rues piétonnes de plusieurs grandes villes.

LES RUES PIÉTONNES EN RÉVISION

Après plus de vingt années d'engouement, le bilan des voies interdites aux voitures est mitigé et les municipalités cherchent d'autres solutions pour animer le centre des villes

Les rues piétonnes sont plébiscitées par le public, et pourtant, urbanistes, élus et riverains multiplient les critiques à leur égard. Dans plus de sept cents communes françaises, chaque samedi après-midi, des flots de piétons envahissent les voies qui leur sont réservées pour faire leurs courses, en échappant aux nuisances dues aux voitures. Le mouvement est tel que toute activité autre que commerciale a disparu de ces parties importantes des centres-villes.

Le soir, lorsqu'il fait bon, touristes et habitants s'attablent aux terrasses des cafés et des restaurants. Mais aussi, certaines zones piétonnes sont désertes une fois la nuit tombée. Dans le premier cas, les riverains se plaignent du bruit, dans le second de l'insécurité.

«L'idée de voies réservées aux piétons a germé à la fin des années 60, explique Jean-Claude Galléty, chef du département urbanisme du CERTU, *mais le concept a véritablement explosé durant la décennie suivante.»*

Ce mouvement est né d'un rejet du règne de la voiture. La plupart du temps, la création d'une rue ou d'une zone piétonnes s'inscrit dans une modification générale du plan de circulation, comme à Besançon, une des pionnières dans ce domaine. Cela correspond aussi à une nouvelle préoccupation: la recherche d'une meilleure qualité de la vie, dans une ville sans bruit, sans pollution, plus sûre pour les enfants. *«De plus, après plusieurs décennies d'apogée de la périphérie, on redécouvre la valeur culturelle de la ville et de son centre,* estime Jean-Claude Galléty. *La création des rues piétonnes marque le début de la reconquête des centres-villes.»* Ces décisions vont souvent de pair avec une réhabilitation du patrimoine, un ravalement des façades, la création d'un secteur sauvegardé. L'Icomos, un organisme international de promotion du patrimoine architectural, tout en dressant un bilan mitigé des rues

piétonnes, reconnaît qu'elles ont permis la préservation de quartiers anciens. *«Elles ont surtout appris à porter un autre regard sur le patrimoine,* estime Françoise Pitras, chargée de mission à la section française de l'Icomos. *On s'est aperçu que le patrimoine, ce n'était pas seulement un monument historique, mais qu'il pouvait s'agir de tout un quartier.»*

Difficultés de stationnement, nuisances sonores, absence de commerces de proximité: les quartiers piétons se vident de leurs habitants …

Beaucoup comparent les rues piétonnes à des galeries marchandes à ciel ouvert. Elles ont perdu leur caractère urbain, c'est-à-dire le mélange d'activités, pour devenir des lieux de consommation. Difficile de trouver un artisan, un organisme culturel ou social, dans une zone piétonne. D'ailleurs, après les avoir combattues, les commerçants en sont devenus les plus fervents défenseurs. Avec la flambée des prix de l'immobilier dans ces rues, le commerce a tout envahi. Souvent, un seul type de magasin prédomine, entraînant une certaine paupérisation de la rue. La clientèle change: plus populaire, elle est extrêmement nombreuse. En Allemagne, l'engouement du public est tel pour les immenses plateaux piétons, doublés d'un système efficace de transports en commun et de parkings, que des villes comme Munich ont dû réaménager leur rue principale trois fois. Avec pour objectif de vider l'espace de tout ce qui pouvait gêner les flux importants de piétons, aménagements prévus pour les animations de rue ou mobilier urbain.

Deuxième phénomène constaté dans les zones piétonnes: la dévitalisation de l'habitat. Certaines opérations de réhabilitation ont chassé les classes populaires du centre-ville. Elles ont été remplacées

R. Gauckler

par des familles des classes moyennes, charmées à l'idée d'approcher la vie culturelle. *«Rapidement, ces personnes ont déchanté,* estime Françoise Pitras. *Difficultés à se garer, donc à décharger leur petite famille et leurs courses; nuisances sonores; absence de commerces de proximité. Elles ont fini par déménager, et de grandes parties des quartiers piétons sont aujourd'hui vidées de leurs habitants.»* Les commerçants n'habitent plus au-dessus de leur boutique. Ils ont même parfois détruit les escaliers menant aux étages, ce qui rend leur occupation impossible. Ailleurs, les grands appartements ont été scindés en petits logements, occupés par des personnes seules. Les propriétaires n'habitant plus sur place, les autres occupants deviennent moins exigeants, et il n'est pas rare de trouver, derrière de superbes façades, des habitations très détériorées. Toutes ces évolutions ont entraîné une dégradation du patrimoine bâti, ainsi qu'un accroissement de l'insécurité. Et les villes sont unanimes: la création de rues piétonnes s'accompagne toujours d'un accroissement de la délinquance.

Le principe des *«rues mixtes»*, d'autre part, acceptant les voitures dans un secteur prioritairement destiné aux

piétons, s'inspire du modèle hollandais des cours urbaines et tend à se développer. *«Il s'en crée dans des villes qui, il y a dix ans, auraient aménagé une rue piétonne»*, estime Jean-Claude Galléty. Givors et Le Puy-en-Velay se sont dotées de ce type de rues. En deux ans, Toulouse a ainsi aménagé 4 kilomètres de son centre. De plus en plus de villes, comme Chambéry, Besançon ou Bourges, prolongent leur secteur piétonnier par des rues mixtes.

Il n'en reste pas moins que l'engouement du public pour les rues piétonnes traduit un besoin d'espaces agréables. Malgré ses inconvénients, celles-ci restent adaptées dans certaines situations, comme les vieux centres aux ruelles tortueuses ou les rues très commerçantes. Dans ce cas, leurs aménagements doivent faire partie d'une réflexion globale sur le devenir du centre-ville.

En réalité, si la question des rues piétonnes se pose aujourd'hui, c'est parce que celle des centres-villes est à nouveau discutée. Pour les animer, leur faire retrouver leur ancien rôle, les centres-villes doivent renouer avec une mixité des fonctions et des usages. La rue piétonne ne doit pas s'y opposer.

Cécile Maillard   Le Monde

▐▌ Vous avez bien compris?

Avant de travailler sur l'article...

Décrivez les caractéristiques d'une rue piétonne.

Après avoir lu l'article...

1 Cherchez dans l'article des phrases qui ont le même sens que les phrases suivantes:
   a Les conseillers municipaux et les gens qui habitent ces rues n'en sont pas très contents.
   b Dans quelques-unes de ces rues piétonnes on ne voit personne quand il fait tard.
   c Les familles moins aisées ont été obligées de quitter ces rues.
   d Après un certain temps les gens plus riches sont partis à leur tour.
   e Il y a plus de crime dans ces quartiers piétons que dans les autres.
   f Maintenant, suivant l'exemple des Pays-Bas, on commence à avoir des rues où piétons et voitures peuvent circuler.

2 Répondez aux questions suivantes:
   a Quelles sont, en principe, les avantages des rues piétonnes?
   b En pratique, quels désavantages a-t-on trouvés?
   c Quel a été l'attitude des commerçants au début?
   d Comment les commerçants ont-il aménagé leurs locaux?
   e Dans quelles circonstances les rues piétonnes restent-elles la meilleure solution?

3 Traduisez le texte suivant en anglais puis, sans regarder l'original, essayez de le retraduire en français:
   Le soir, lorsqu'il fait bon, touristes et habitants s'attablent aux terrasses des cafés et des restaurants. Mais aussi, certaines zones piétonnes sont désertes une fois la nuit tombée. Dans le premier cas, les riverains se plaignent du bruit, dans le second, de l'insécurité.

Projets pratiques

▸▸

1 En vous inspirant des arguments pour et contre les rues piétonnes que vous avez entendus dans l'extrait vidéo et lus dans l'article, rédigez un rapport (200–300 mots environ) sous le titre «Les centres-villes doivent renouer avec une mixité des fonctions et des usages».

2a Ecrivez deux lettres au maire de Strasbourg. Dans la première, vous présenterez les vues enthousiastes d'une jeune mère de famille pour qui la réduction de bruit, de pollution et de circulation a transformé la vie quand elle fait ses courses accompagnée de ses trois jeunes enfants.

2b Dans la deuxième, vous exposerez l'opinion d'un(e) petit(e) commerçant(e) traditionnel(le) qui habite le quartier et qui craint les effets à long terme de cette politique (dévitalisation du quartier, départ des habitants, accroissement de la délinquance, surtout le soir; insécurité, disparition de toute autre activité que commerciale).

▸▸

«Et pour finir ...»

Vous êtes chargé(e) d'un rapport pour le Centre urbanistique des villes européennes. Décrivez un centre-ville que vous connaissez bien. A votre avis, devrait-on l'aménager?

2 Le transport

Qu'on le veuille ou non, la voiture fait partie de la vie de tous les jours pour la plupart d'entre nous. Les gouvernements essaient donc de renforcer la sécurité routière, et nous pourrions citer une liste des mesures qui touchent chaque conducteur: l'alcootest, le port obligatoire de la ceinture de sécurité, le contrôle d'entretien du véhicule. Mais un petit changement qui n'a rien à voir avec la sécurité a suscité une controverse en France. Il s'agit des phares.

EXTRAIT TELEVISE 2A: Les phares jaunes

■■ Vous avez bien compris?

Avant de regarder la vidéo ...

Choisissez dans la liste ci-dessous les définitions qui correspondent aux mots suivants:

a circuler   **i** le standard
b quotidien   **ii** lumineux
c interdit   **iii** de tous les jours (un journal, par exemple)
d rouler   **iv** défendu, qu'on ne devrait pas faire
e brillant   **v** mettre en ordre, mettre au point
f régler   **vi** se déplacer
g la norme   **vii** se déplacer sur roues

Après avoir regardé la vidéo ...

1 Selon le reportage, lesquelles des phrases suivantes sont vraies?
   a En Europe il n'y a que les Français qui utilisent les phares jaunes.
   b Autrefois les Allemands roulaient avec des lumières jaunes.
   c Les nouvelles voitures sont équipées de phares blancs.
   d Les experts pensent que les phares jaunes sont moins éblouissants.
   e Après Maastricht, on est obligé d'adopter les phares blancs.

2 Cherchez les mots qui manquent dans cet extrait (consultez la liste ci-dessous):
   «Il n'y a pas une grande ...... pour les gens qui ont les yeux ...... à une seule condition: c'est que les phares ...... bien réglés. Par contre, quand il y a du ...... la nuit, les phares blancs sont un petit ...... moins bons que les phares jaunes.»

   changement / sont / pois / différence / bleus / peu / toute / brouillard / normaux / soient

3 Cochez les mentions valables:

	moins éblouissants selon les conducteurs	moins chers	plus efficaces dans le brouillard
phares blancs			
phares jaunes			

▌▌ Un peu de grammaire

La position des adjectifs

Quels adjectifs précèdent un substantif, quels adjectifs le suivent? Il y a plusieurs règles (et certains cas où il n'y a pas de règle absolue).

Un premier exemple dans notre texte:
* une *vieille* tradition permettait de distinguer les véhicules *français*.

Certains adjectifs très courants précèdent le substantif:
* une *vieille* tradition, une *grande* différence.

Les adjectifs de nationalité suivent le substantif:
* un véhicule *français*, la norme *européenne*.

Voici d'autres adjectifs, très courants, qui précèdent le substantif:
* beau, bon, bref, grand, gros, haut, jeune, joli, mauvais, meilleur, petit.

Les adjectifs de couleurs suivent le substantif:
* un phare *blanc*, une lumière *blanche*.

Un autre exemple dans notre texte:
* les automobilistes français utilisent des phares *jaunes*.

Entraînez-vous!

Complétez ce texte, en introduisant les adjectifs entre parenthèses pour qualifier les noms soulignés. Attention à la position et à l'accord de chaque adjectif! Par exemple:

> (beau, jaune): Si vous voyez l'<u>image</u> d'un <u>bus</u>, c'est sans doute la <u>compagnie</u> «la 7».
> Si vous voyez la belle image d'un bus jaune, c'est sans doute… etc.

Des hôtesses sur «la 9»

(nouveau, français et anglais, amusant, italien, espagnol, Vert, général, grand, petit, vert ou rouge)

A partir de mardi et jusqu'à vendredi, des hôtesses seront à bord des bus empruntant la <u>ligne</u> «9», pour informer les passagers et distribuer <u>journaux</u> et viennoiseries.

Un <u>jeu</u> sera également organisé du 7 au 11 septembre. A gagner: un week-end dans une <u>grande</u> <u>ville</u>, ou un séjour dans une <u>villa</u>.

Enfin les Bus lancent une campagne d'<u>information</u> qui rappelle les <u>réductions</u> de prix. Un <u>questionnaire</u> sera distribué et il y aura des <u>parapluies</u> de golf à gagner.

Projets pratiques

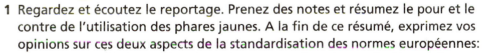

 1 Regardez et écoutez le reportage. Prenez des notes et résumez le pour et le contre de l'utilisation des phares jaunes. A la fin de ce résumé, exprimez vos opinions sur ces deux aspects de la standardisation des normes européennes:
* Est-ce que l'abolition des phares jaunes vaut la peine, et la dépense?
* Est-ce qu'il y a d'autres mesures qu'il vaudrait mieux prendre pour améliorer la sécurité routière dans la CE? Considérez par exemple: des limitations de vitesse, des épreuves plus rigoureuses pour les permis de conduire, la construction des voitures.

 2 Sur un ton mécontent, écrivez une lettre au *Figaro* dans laquelle vous râlez contre ces ronds-de-cuir de Bruxelles qui s'acharnent contre les bonnes vieilles traditions françaises. Vous, vous aimez les phares jaunes et vous ne voyez pas pourquoi vous devez les changer pour plaire à des étrangers, etc …

ARTICLE DE PRESSE 2A: L'alcootest à 5 F

L'alcootest a été conçu pour dissuader les conducteurs qui auraient trop bu de prendre le volant. C'est normalement un gendarme qui vous demande de «souffler dans le ballon», ce qui veut dire que vous avez pu déjà commencer à conduire en état d'ivresse. Mais un département français, le Doubs, a fait l'essai de vendre des tests d'alcoolémie dans les pharmacies. Désormais, les conducteurs sauront décider eux–mêmes s'ils devraient rentrer chez eux en voiture ou à pied.

▮▮ Vous avez bien compris?

Avant de travailler sur l'article …

Cherchez les expressions suivantes dans votre dictionnaire:

trancher	l'alcoolémie	le taux
viser	qualifié de	un dépliant
tout un chacun	une mise à disposition	faire un créneau

Après avoir lu l'article …

1 Regardez l'image dans l'article. Que fait cet homme?

2 Répondez aux questions suivantes:
  a Où peut-on acheter un ballon pour l'alcootest?
  b Le prix de 5 F constitue une «offre exceptionnelle». Pourquoi?
  c Est-il vrai que les hommes peuvent absorber la même quantité d'alcool que les femmes avec moins de risque?
  d Est-il vrai que prendre l'alcool à jeun est moins nocif que prendre l'alcool pendant les repas?

3 Cherchez les détails suivants:
  a le pourcentage d'accidents en France causés par l'alcool
  b le nombre d'accidents mortels dus à l'alcool
  c taux d'alcool «normal»
  d nombre de dépliants distribués pendant cette campagne
  e le risque d'avoir un accident est:
     multiplié par ...... pour 0,5 gramme/litre de sang
     multiplié par ...... pour 1,5 gramme/litre de sang
  f le pourcentage des accidents dus à l'alcool causés par des buveurs occasionnels.

4 Comment la mesure du risque est-elle signalée «en couleurs»?

Projets pratiques

▶▶▶

1 Résumez l'article en français en moins de 200 mots. (Soulignez les grands arguments et évitez de citer trop de chiffres ou de statistiques.)

2 Imaginez que vous vous êtes auto-contrôlé(e) un soir dans un café-bar où vous avez passé la soirée à boire et à manger avec trois ami(e)s. Vous dépassez la limite. Discutez avec vos ami(e)s comment vous allez rentrer et des mesures qu'il vous faudra prendre pour récupérer votre véhicule que vous ne voulez pas laisser dans la rue, à cause du grand risque de vandalisme la nuit dans le quartier.

▶▶▶

L'alcootest à la portée de toutes les bouches

Il s'agit, bien sûr, de lutter contre la conduite en état d'ivresse.
Mais cette campagne tranche sur les précédentes largement fondées sur la répression
et vise une meilleure prise de conscience de tout un chacun.

Dans le Doubs, durant tout l'été et jusqu'au 31 octobre, les personnes soucieuses de connaître leur taux d'alcool dans le sang avant de prendre le volant pourront acquérir dans les pharmacies des tests d'alcoolémie pour 5 francs.

Cette opération, dont l'objectif est de sensibiliser les automobilistes aux dangers de l'alcool au volant, vient d'une initiative qu'ont prise conjointement la Sécurité routière, la Mutualité du Doubs et les pharmaciens de ce département. Le prix de 5 francs l'unité auquel les appareils de mesure de l'alcoolémie sont vendus actuellement dans le Doubs est qualifié d'«exceptionnel».

Cette mise à disposition de chacun d'un moyen simple de savoir, *après boire*, quel taux a atteint l'alcool dans le sang, paraît une mesure plus subtile que la plupart des actions antialcool qui reposent sur l'interdit et la peur du gendarme.

Comme l'indiquent les organisateurs de cette campagne nommée «*souffler, c'est bien joué*», en banalisant le test d'alcoolémie, «*en encourageant la pratique de l'autocontrôle, il s'agit, dans le cadre de la réglementation actuelle, de donner à chacun la possibilité de détenir un moyen susceptible de déterminer la limite de consommation d'alcool au-delà de laquelle il doit s'abstenir de conduire*».

15 cl de vin au restaurant

Les auteurs de la campagne rappellent que le nombre des accidents causés en France par l'alcool (38% du nombre total des accidents) ne cesse d'augmenter. Et que ces accidents dont l'alcool est responsable font 4 000 morts par an. Mais ces chiffres sont tellement répétés qu'on finit par les lire ou les entendre sans en comprendre encore le sens.

De même que pour le taux d'alcoolémie. Beaucoup confondent le chiffre à partir duquel on est en infraction au volant, d'une part, et la valeur «*normale*», d'autre part. Comme si un humain avait toujours une certaine dose d'alcool dans le sang, de la même façon qu'il a aux environs d'un gramme de glucose par litre ou 2 grammes de cholestérol. Pour l'alcool, là valeur «*normale*» du taux sanguin est ZÉRO.

Les dépliants qui sont délivrés dans le Doubs (on en a prévu 120 000) indiquent, par exemple, que le risque d'avoir un accident est multiplié par 3 pour une alcoolémie de 0,5 gramme (le taux à partir duquel on est en infraction au volant, en France, est de 0,8 g/litre). Pour 1,5 g/litre, le risque d'accident est multiplié par 17. Dans la campagne du Doubs, il est, par ailleurs, indiqué que 85% des accidents corporels dus à

l'alcool sont causés par des buveurs occasionnels, et (seulement) 15% par des alcooliques chroniques.

Par ailleurs est mise en exergue une étude consistant en une série de tests sur le circuit Jean-Pierre Beltoise de Trappes, tests effectués par six conducteurs dont l'ancien pilote lui-même. Dès 0,50 g/l, et à 70 km/h, la distance de freinage augmente de plus de 12 mètres, dès 0,80 g/l, la vue diminue de près de 20% et les manœuvres (créneaux, marche arrière) sont «*très approximatives*».

À côté de la mesure du risque signalé «*en couleurs*» par le test, la campagne du Doubs donne, à titre indicatif, le taux d'alcoolémie atteint en moyenne, par un homme de 70 kilos ou une femme de 55 kilos, après absorption de diverses boissons.

Ces taux varient, chez l'homme, entre 0,13 et 0,15 g/l, et chez la femme, entre 0,19 et 0,26 g/l suivant la boisson absorbée, la quantité étant celle habituellement servie dans un café-restaurant. Ainsi, dans les deux sexes, les taux les plus bas sont observés, par exemple, après ingestion de 6 centilitres de whisky ou de digestif, les plus élevés étant liés à une consommation de 15 centilitres de vin «*moyen*» (à 11°).

Précisons encore que si la boisson est prise avant le repas ou à jeun, il faut multiplier les relevés théoriques par 1,5. Le taux d'alcoolémie est à son maximum une heure après absorption et «*dans tous les cas, quoi qu'on fasse, l'alcoolémie ne diminue que de 0,10 g par heure*».

Docteur M. V. *Le Figaro*

«Et pour finir ...»

«La sécurité routière dépend de chaque conducteur; les lois ne peuvent pas faire grand-chose.» Vous avez lu un article de journal qui a soutenu cette idée. Ecrivez une lettre au rédacteur pour lui exposer vos opinions.

EXTRAIT TELEVISE 2B: Trains: Réseau privé

Les chemins de fer, nés au siècle précédent, ont-ils un avenir? Le développement du réseau des TGV, l'ouverture récente du Tunnel (ferroviaire) sous la Manche nous amèneraient à répondre que oui. Mais les usagers des petites lignes seraient souvent moins optimistes. Pourtant, le réseau secondaire n'est pas condamné à disparaître, comme le montre une expérience menée en Bretagne.

■■ Vous avez bien compris?

Avant de regarder la vidéo ...

Choisissez dans la liste ci-dessous les définitions qui correspondent aux mots suivants:

a   un vestige
b   la survie
c   les dessertes
d   un sous-traitant
e   au rabais

i   un service régulier de transports
ii un reste du passé
iii à bon marché
iv un entrepreneur qui travaille pour un autre industriel
v   le prolongement de l'existence

En écoutant le reportage ...

Notez les détails suivants:
a la date d'ouverture de la gare de Paimpol (quel mois?)
b la distance par rail de Paimpol à Carhaix
c deux caractéristiques du nouvel autorail
d le personnel à bord
e la fréquence des trains.

Après avoir regardé la vidéo ...

1 Dans le contexte du reportage, laquelle des deux options est la plus exacte?

a   i) La ligne Paimpol-Carhaix vient d'être construite.
      ii) La ligne existe depuis longtemps.
b   i) Le nombre de passagers a augmenté depuis un an.
      ii) Le nombre de passagers a baissé de 15% depuis deux ans.
c   i) La CFTA est une compagnie entièrement privée.
      ii) La CFTA est une filiale de la SNCF.
d   i) La CFTA n'est pas obligée de suivre les règlements exigeants de sécurité de la SNCF.
      ii) Le nouvel autorail est le principal atout de la CFTA.
e   i) La ligne CFTA est rentable.
      ii) La ligne est subventionnée par l'Assemblée régionale.

2 Complétez les blancs dans le texte avec les mots exacts du reportage:
Pour résumer le .... SNCF, les .... déclarent que le budget ne permet .... à la SNCF de .... à ses missions de service public. Il est vrai que dans certaines régions les .... sont abandonnées, leur .... ne dépend alors que du bon .... des Assemblées régionales, qui les .... alors à des sociétés privées: illustration en Bretagne, c'est un reportage de Pascal Golomer et Aimé Maillol.

▌▌ Un peu de grammaire

Affirmer son point de vue

L'avenir des chemins de fer suscite des controverses, et il faut savoir affirmer son point de vue. Voici quelques phrases-clés dans le reportage télévisé.

• Les syndicats *déclarent que* le budget *ne permet plus* à la SNCF d'y répondre.
(déclarer que + indicatif)

• Il *est vrai que* dans certaines régions des lignes *sont* abandonnées.
(Il est vrai que + indicatif)

• *Il est certain que* dans l'avenir il *faudra* trouver des solutions nouvelles.
(Il est certain que + indicatif)

• *Pas question de parler* de privatisation partielle.
(Pas question de + infinitif)

• *Il ne s'agit pas là d'un chemin de fer* au rabais.
(Il ne s'agit pas là de + substantif)

Entraînez-vous!

Controverses: souhaitez-vous que l'on supprime les réservations pour le TGV?

Voici deux interviews au sujet de la réservation obligatoire de places dans les TGV (trains à grande vitesse). Utilisez une des locutions ci-dessus pour compléter chacune des phrases qui résument les interviews:

1 Laurence Khaloun. 39 ans. Comptable. Paris X^e.

«Je ne prends le TGV qu'une ou deux fois par an pour aller à la montagne. Alors, la réservation n'est pas une trop grosse contrainte. Le fait que ce soit payant ne me gêne pas parce que, en contrepartie, on est sûr d'avoir une place. C'est un service, c'est normal de le payer.»

Si vous faites une réservation, ... vous   sûr d'avoir une place.
– Madame Khaloun .... la réservation n'.......... pas une trop grosse contrainte.
– .... avoir un service sans le payer.

2 Chantal Hauberger. 34 ans. Hôtesse de l'air. Paris XVe.

«J'aimerais bien que la réservation obligatoire soit supprimée car, pour l'instant, ce n'est pas très pratique. Pour l'avion, au moins, on peut réserver par téléphone, alors que, pour le train, il faut aller dans une gare ou dans une agence. Du coup, on ne peut pas prendre son train au dernier moment.»

– Madame Hauberger .... la réservation obligatoire n'......... pas très pratique.
– .... une réservation qui se fait par téléphone.
– Avec le système actuel, ... on ne .... pas prendre son train au dernier moment.

Projets pratiques

▶▶

1 Regardez et écoutez le reportage. Prenez des notes et dressez une liste des détails les plus importants. Comparez votre liste avec la liste d'un(e) collègue.

2 Téléphonez à la compagnie CFTA pour demander des renseignements sur la ligne Paimpol-Carhaix:

- Vous voulez savoir les heures de départ et les tarifs en semaine et pendant le week-end.
- Vous voulez emmener votre vélo (avec vous) – est-ce possible?
- Offre-t-on des cartes d'abonnement pour un mois?
- Existe-t-il des réductions pour les étudiants?

Votre partenaire jouera le rôle de l'employé(e) de la CFTA et préparera ses réponses aux questions ci-dessus.

3 Ecrivez aux bureaux de tourisme de Paimpol, Guingamp et Carhaix pour demander des renseignements touristiques sur les villes et sur la région. Vous voulez vous renseigner sur:

- les hôtels
- les gîtes
- les monuments et les sites historiques
- les complexes sportifs et les possibilités de louer des bicyclettes
- les randonnées et les parcs nationaux
- les plages et les planches à voile.

4 Vous êtes en France et vous faites partie d'un échange scolaire. Vous avez décidé de prendre le train pour visiter la prochaine ville avec un groupe de trois ou quatre ami(e)s français(es). Pendant le voyage, vous allez bien sûr bavarder et discuter entre vous.

- Qui est dans le wagon avec vous? Décrivez-les.
- Qui descend et qui monte à chaque arrêt?
- Que voyez-vous par la fenêtre?
- Quand allez-vous manger et où?
- Où allez-vous et pourquoi?

5 Discutez avec un autre passager du rétablissement de la ligne Paimpol-Carhaix et des avantages pour la communauté locale, les touristes et les petits commerçants locaux. Par exemple:

- l'amélioration des communications entre les villages
- le transport de produits locaux entre les villes
- la réduction de poids lourds sur les routes étroites de la région
- les bénéfices pour ceux qui n'ont pas de voiture
- l'attraction touristique des beautés du paysage
- les possibilités d'excursions organisées pour les écoles.

▶▶

ARTICLE DE PRESSE 2B: Les chats du rail

Nous avons évoqué les avis des usagers et des employés des chemins de fer. Mais les êtres humains ne sont pas les seuls à craindre la privatisation des compagnies ferroviaires. Une petite anecdote humoristique nous montre que les chats du rail britannique sont eux aussi en péril!

▮▮ Vous avez bien compris?

Avant de travailler sur l'article ...

Avez-vous un chat? Les chats jouent-ils un rôle utile dans la maison?

Ils chassent depuis un siècle les rats et les souris

Les chats du rail anglais en péril

La privatisation de British Rail – l'équivalent britannique de la SNCF – menace l'avenir de ces employés à quatre pattes.

Il ne reste que 150 à 200 chats, «préposé aux rongeurs», sur les 2 400 gares du réseau British Rail.

A la veille de la privatisation de British Rail (BR), 200 employés peu communs partagent l'incertitude des 130 000 salariés de la compagnie: les derniers «chats ferroviaires» de Grande-Bretagne ont du souci à se faire pour leur avenir. Le dégraissage progressif de BR n'a pas épargné le personnel félin, chargé depuis plus d'un siècle de la chasse aux rats, souris et autres animaux nuisibles, entre les voies, dans les stations et dépôts.

De 2 000 environ dans les années 1940–50, il n'en reste que 150 à 200 sur les 2 400 gares du réseau. Après la guerre, chaque station ou presque avait son «préposé aux rongeurs». Et aujourd'hui, les derniers des «chats ferroviaires» de British Rail encore en activité sont pris en charge sur le budget de chaque dépôt, autant au titre d'animal de compagnie des cheminots que pour leur «travail utile» de prédateurs.

Certains dépôts s'enorgueillissent d'entretenir de redoutables tueurs de souris, mais beaucoup de chats, gavés par les employés, ont vu s'émousser leur instinct de chasseur. Quelques-uns, pourtant, sont entrés dans la légende: ainsi Tiddles, ⬛⬛⬛⬛⬛ ⬛⬛⬛⬛⬛ ⬛ ⬛⬛⬛⬛ ⬛⬛ ⬛⬛⬛⬛ ⬛⬛⬛ , pensionnaire de la gare londonienne de Paddington, où il était descendu un jour d'un train venu de l'Ouest. Devenu familier des passagers, il avait acquis une notoriété telle qu'à sa mort, en 1981, des quotidiens nationaux lui consacrèrent une nécrologie.

La presse s'inquiète

Prompte à se mobiliser pour les causes animales, la presse britannique s'est par ailleurs récemment inquiétée du sort des derniers chats du rail, alors que le gouvernement entend privatiser progressivement les services de BR par appels d'offres successifs. Les animaux devront-ils demeurer propriété de Railtrack, entité publique autonome qui gardera, après la privatisation, la responsabilité de la maintenance du réseau?

Ou passeront-ils, au même titre que le personnel humain, sous la tutelle des compagnies héritant, par tranches, de l'exploitation commerciale de certaines lignes? British Railways minimise l'enjeu: les chats n'ont pas officiellement de statut de salarié, et leur disparition n'entraînerait pas une ruée de rongeurs. Il a d'ailleurs fait appel à des sociétés spécialisées lorsque rats et souris sont signalés en nombre trop important.

Railtrack n'est pas tout à fait de cet avis. Et aimerait savoir à qui échouera la facture annuelle qu'il évalue en moyenne à près de 900 francs par tête (soit 18 000 livres sur l'ensemble du réseau) pour l'entretien des chats, qui sont considérés historiquement comme des «animaux de travail», à prendre en compte par les autorités au même titre, par exemple, que les chevaux de mines. Les salariés des dépôts concernés ont tranché. Privés ou publics, ils affirment que les chats resteront avec eux.

Et à la gare de Wimbledon Park (ouest de Londres), conducteurs et cheminots continueront de fleurir la tombe de Tom, un chasseur émérite qui vient de s'éteindre à l'âge de 23 ans. *(AFP.)*   *Le Figaro*

Après avoir lu l'article ...

1 Décrivez le travail d'un chat ferroviaire.

2 Expliquez en d'autres termes: «le dégraissage progressif de BR».

3 Répondez aux questions suivantes:
  a Qui paye le «salaire» des chats du rail à présent?
  b Qu'est-ce qui réduit l'efficacité professionnelle de ces chats?
  c D'où Tiddles est-il venu et où se trouvait son logement de fonction?
  d Quels sont les sentiments de Railtrack vis-à-vis de cette catégorie d'employés de British Rail?

4 Traduisez en anglais le texte suivant. Puis, sans regarder l'original, retraduisez-le en français:
  Prompte à se mobiliser pour les causes animales, la presse britannique s'est par ailleurs récemment inquiétée du sort des derniers chats du rail, alors que le gouvernement entend privatiser progressivement les services de BR. Les animaux devront-ils demeurer la propriété de Railtrack, qui gardera, après la privatisation, la responsabilité de la maintenance du réseau?

5 Imaginez une inscription pour la tombe de Tom à Wimbledon Park. –«Ci-gît ....»

Projets pratiques

1 Ecrivez au ministre des Transports à Londres pour lui exprimer votre indignation devant l'avenir incertain des chats du rail britannique. L'inhumanité de BR envers ces chers animaux vous dégoûte …

2 En tant que bon reporter, vous allez interviewer des passagers sur leurs réactions au licenciement des chats. D'abord préparez cinq questions à poser aux voyageurs qui attendent sur le quai. Posez les questions à vos collègues de classe, analysez leurs réponses et rédigez un article pour votre journal selon ce que révèlent leurs opinions. Quel titre allez-vous donner à l'article? («Les souris sourient à la chasse aux chats»?)

«Et pour finir …»

Sujet de réflexion

«Il faudra privatiser les chemins de fer avant le début du XXIe siècle.» Expliquez votre point de vue dans une lettre que vous enverrez au Comité des usagers de la SNCF.

3 L'environnement

Le «patrimoine national» qu'est-ce que c'est? Dans ce chapitre, nous en verrons deux exemples très différents. A côté des monuments célèbres que nous ont légués les générations précédentes, il existe un patrimoine vivant, composé des activités, des événements qui figurent sur le calendrier de telle ou telle région, sinon sur celui de la France entière, comme les kermesses, les foires ou bien le Tour de France. Or, certaines de ces activités sont menacées par les progrès techniques de notre époque. Voici l'exemple d'une vieille course cycliste, qui doit son charme aux pavés du XIXe siècle.

EXTRAIT TELEVISE 3A: Pavés classés

▌▌ Vous avez bien compris?

Avant de regarder la vidéo ...

Choisissez dans la liste ci-dessous les définitions qui correspondent aux expressions suivantes:

a   un chemin
b   un tronçon
c   bétonner
d   inédit
e   faire figure de

i   recouvrir d'une surface dure composée de ciment, sable et gravier
ii qui n'a jamais été publié, qui n'est pas connu
iii faire semblant d'être
iv une voie
v   une partie

Après avoir regardé la vidéo ...

1 Répondez aux questions suivantes:
   a Quel monument à Bourges vient d'être classé?
   b Qui sont les «coureurs» mentionnés dans le reportage?
   c Nommez deux dangers qu'ils risquent sur les pavés.
   d Quelle est la surface préférée des riverains?
   e Sur quelle distance les pavés ont-ils été classés?

2 Complétez les blancs dans le texte suivant en utilisant des mots choisis dans la liste en-dessous:

   Mais si au .... les chemins pavés faisaient figure ...., aujourd'hui ces .... chaotiques attirent les foudres des .... Au charme folklorique du pavé les .... préfèrent le macadam, et chaque .... ce sont des .... entiers qui ....

   aujourd'hui   voies   habitants   riverains   routes   disparaissent   semaine   année   XVIIIe siècle   d'autoroutes   communes   parties   secteurs

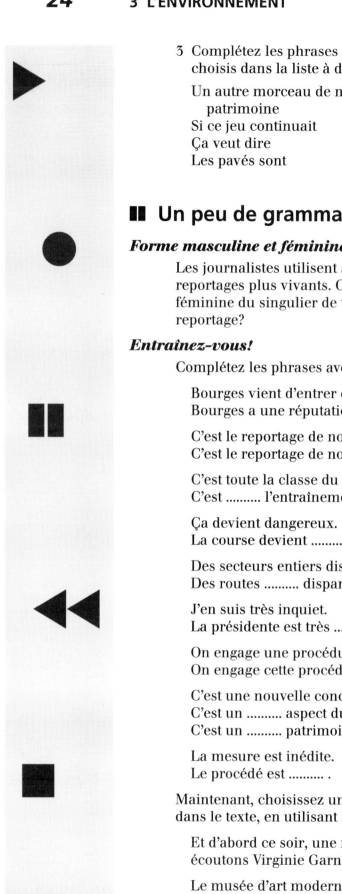

3 Complétez les phrases dans la liste à gauche avec des compléments choisis dans la liste à droite.

Un autre morceau de notre
patrimoine

Si ce jeu continuait

Ça veut dire

Les pavés sont

nous ne pourrions organiser le
Paris–Roubaix.

qu'on ne peut plus y toucher.

de véritables pièges pour les coureurs.

va bientôt être classé.

■■ Un peu de grammaire

Forme masculine et féminine des adjectifs

Les journalistes utilisent souvent des adjectifs pour rendre leurs reportages plus vivants. Connaissez-vous la forme masculine et féminine du singulier de tous les adjectifs qui sont employés dans ce reportage?

Entraînez-vous!

Complétez les phrases avec la forme de l'adjectif qui convient:

Bourges vient d'entrer dans le patrimoine mondial.
Bourges a une réputation ....

C'est le reportage de notre envoyé spécial.
C'est le reportage de notre envoyée ....

C'est toute la classe du coureur qui entre en jeu.
C'est .... l'entraînement du coureur qui entre en jeu.

Ça devient dangereux.
La course devient ....

Des secteurs entiers disparaissent.
Des routes .... disparaissent.

J'en suis très inquiet.
La présidente est très ....

On engage une procédure de classement pour un premier tronçon.
On engage cette procédure pour une .... section.

C'est une nouvelle conception du patrimoine.
C'est un .... aspect du patrimoine.
C'est un .... patrimoine.

La mesure est inédite.
Le procédé est ....

Maintenant, choisissez un de ces adjectifs pour remplir chaque trou dans le texte, en utilisant la forme qui convient:

Et d'abord ce soir, une nouvelle étonnante, même .... Nous écoutons Virginie Garnier, notre envoyée .... à St-Paul.

Le musée d'art moderne, qui jouit d'une réputation .... expose pour la .... fois une .... forme d'art, que certains visiteurs vont trouver .... Il s'agit de dessins réalisés par des parachutistes en chute libre! Ecoutons un des artistes:
«.......... l'intérêt vient du fait que les artistes donnent libre cours à l'imagination pendant 30 secondes.»
L'Association des parachutistes de France se déclare pourtant ....!

Projets pratiques

>>

1 Vous participez à la course cycliste Paris-Roubaix. Exprimez à l'écrit vos pensées et vos impressions pendant la course. Vous pourriez par exemple décrire vos sentiments au moment même du départ, entouré(e) de tant de concurrent(e)s. Décrivez:
- les différents paysages
- les conditions météo
- la fatigue que vous ressentez
- la topographie – montées, descentes
- les difficultés rencontrées, les dangers
- les risques de dérapage, de glissades éventuelles, de spectateurs sur la piste, de chiens pas tenus en laisse.

Enfin décrivez vos sentiments quand, finalement, vous tombez – dans un groupe d'une dizaine de cyclistes – sur les fameux «pavés classés». Pour vous, la course est finie.

2 Recréez une conversation/débat entre un petit groupe (trois ou quatre) de «riverains» qui habitent un village où les rues sont encore pavées. Certains (les «Anciens») défendent la situation et veulent empêcher que les pouvoirs publics suppriment les pavés:
- ils font partie du caractère du village, les touristes les apprécient
- ils offrent un lien avec le passé
- ils obligent les automobilistes à rouler au pas, donc c'est moins dangereux dans le village pour les piétons, les enfants
- ils sont faciles à entretenir et très durables.

D'autres (les «Modernes») veulent moderniser le village. Ils disent que:
- les pavés donnent un air vieillot au village
- les pavés sont dangereux pour les femmes enceintes, les enfants, les personnes âgées
- ils sont difficiles (et coûteux) à remplacer une fois brisés
- les voitures en souffrent
- le macadam est plus propre.

Ajoutez bien d'autres arguments des deux côtés provenant de vos propres idées. Attribuez les rôles aux Anciens et aux Modernes.

>>

ARTICLE DE PRESSE 3A: La tour Eiffel

Si vous êtes déjà allé(e) à Paris, quels monuments avez-vous déjà visités? Ou lesquels parmi ses monuments souhaitez-vous voir? Le Grand Louvre avec sa Pyramide, l'Opéra de la Bastille – si vous aimez l'architecture moderne? Ou des monuments plus anciens – si vous êtes passionné(e) par l'histoire de la France? En tout cas, presque tous les touristes se ruent sur la tour Eiffel. C'est un symbole du patrimoine national – mais elle n'appartient pas à l'Etat! Lisez l'article suivant pour savoir qui en retire les bénéfices …

A qui appartient la tour Eiffel?

Au Champ-de-Mars, on est formel. On s'étonne même que la question se pose: la tour Eiffel n'appartient ni à l'Etat ni aux héritiers du grand Gustave, mais bel et bien à la ville dont elle représente le grand mât. Comme le terrain sur lequel elle dresse ses 7 000 tonnes de poutrelles, elle est et demeure possession de Paris.

En 1884 fut décrétée la tenue de l'Exposition universelle qui marquerait le centenaire de 1789. En 1886, on décida d'enjoliver la célébration par *une tour en fer à base carrée de 125 mètres de côté à la base et de 300 mètres de hauteur*. Gustave Eiffel, qui remporta ce concours aux clauses taillées sur mesure, construisit la chose en qualité d'entrepreneur. Afin de l'indemniser des frais engagés pour les travaux, on lui accorda le droit d'exploiter la tour jusqu'au 31 décembre 1909. La Ville, pour sa part, devint propriétaire du monument à la fermeture de l'exposition. Il fut prévu qu'elle en récupérerait la jouissance vingt ans plus tard, à la fin du contrat d'exploitation d'Eiffel. A cette date, la tour aurait dû être disloquée, et vendue au prix de la ferraille. Elle avait joué son rôle de phare de l'exposition de 1889, et deux décennies de tourisme avaient largement remboursé les frais de sa construction. Grâce à la science – ses 300 mètres de haut permettaient certaines expériences – et à la TSF – rendue vitale par la guerre –, elle survécut et s'ancra dans le paysage parisien.

Jusqu'à la fin de 1979, des héritiers d'Eiffel étaient encore les pivots de la Société de la Tour Eiffel (STE). Depuis, la concession de la tour est passée sous le contrôle d'une société d'économie mixte, filiale de la Ville de Paris et de la SAGI (Société anonyme de gestion immobilière, qui construit et gère les logements de la Ville). Mais la totalité des bénéfices vont à la Ville de Paris, qui en retour assume le risque de mévente. Un risque très faible: les locataires réguliers (restaurants, magasins de souvenirs, TDF au troisième étage) et les six millions de visiteurs annuels assurent au propriétaire des recettes de plus de 230 millions de francs par an.

François LANDON
Evénement du Jeudi

■■ Vous avez bien compris?

Avant de travailler sur l'article …

Dressez une liste des monuments principaux d'une grande ville que vous connaissez. A qui appartiennent-ils? Et qui les gère?

Après avoir lu l'article ...

1 Répondez aux questions suivantes:
   a Pourquoi parle-t-on du Champ-de-Mars?
   b A qui appartient la tour Eiffel?
   c Comment Monsieur Eiffel a-t-il été choisi pour construire la tour?
   d Qu'est-ce que la Grande Exposition a commémoré?
   e Pendant combien de temps a-t-il eu le droit d'exploiter la tour?
   f Qu'est-ce qui devait arriver à la tour à la fin de cette période?
   g Pourquoi a-t-on gardé la tour?
   h Qui reçoit les bénéfices de l'exploitation de la tour aujourd'hui?

2 Mettez les phrases suivantes dans un ordre logique:
   Elle demeure une attraction touristique de premier ordre.
   La tour devait être en fer et avoir 300 mètres de haut.
   On a décidé d'organiser une grande exposition avec, comme emblème, une grande tour.
   Gustave Eiffel a gagné le concours pour être architecte de la tour.
   En 1889, on a voulu célébrer le centenaire de la Révolution française.
   Au lieu de démolir la tour, on a décidé de la garder.

3 Cherchez les mots qui correspondent aux expressions suivantes:
   a on est surpris   **c** la tour devrait être démolie
   b elle reste   **d** vingt ans de tourisme

Projets pratiques

▸▸

1 «La tour Eiffel – qu'est-ce que c'est que cette monstruosité plantée au cœur de Paris? Elle aurait dû être disloquée, et vendue au prix de la ferraille.» Partagez-vous ce point de vue? Exprimez vos idées, soit par écrit, soit en prononçant un discours devant vos partenaires. (Aimez-vous la Tour? Est-elle belle ou laide? A quoi sert-elle? Est-elle en harmonie avec le quartier où elle se trouve? Aurait-on pu faire mieux du point de vue architectural? Est-ce que la Tour a une valeur symbolique?)

2 L'architecture moderne à Paris: écrivez au Syndicat d'initiative à Paris pour vous renseigner sur les nouveaux grands travaux architecturaux. Demandez au moins des renseignements ou des brochures sur:

   • la Villette
   • le Grand Louvre et la Pyramide
   • l'Opéra de la Bastille
   • la Très Grande Bibliothèque
   • le Musée d'Orsay
   • l'Arche de la Défense.

3 Une fois la documentation reçue, rédigez un rapport sur l'architecture moderne à Paris ou faites-en une présentation devant vos ami(e)s et invitez des questions. Vous pourriez par exemple expliquer en général les nouveaux développements et leur effet sur la vie à Paris et sur le tourisme; ou vous pourriez présenter en détail un ou deux bâtiments en utilisant la documentation que vous aurez reçue.

▸▸

«Et pour finir ...»

«Faut-il toujours conserver les monuments du passé? A quel prix?» Vous participerez à un colloque franco-britannique sur ce thème. Rédigez un résumé de vos idées principales, que vous enverrez aux autres participants avant l'ouverture du colloque.

EXTRAIT TELEVISE 3B: Voiture alco-végétale

Au cours des années 80, nous nous sommes rendu compte qu'il fallait absolument protéger l'environnement pour sauvegarder la qualité de la vie. Désormais, beaucoup de gouvernements voudraient favoriser des projets «verts», mais quelquefois les soucis écologiques s'opposent aux intérêts financiers. Nous en verrons un exemple frappant dans le reportage télévisé: une voiture très propre, puisqu'elle consomme un biocarburant, mais celui-ci coûte beaucoup plus cher que l'essence. Le gouvernement français sera-t-il prêt à subventionner un tel carburant?

▮▮ Vous avez bien compris?

Avant de regarder la vidéo ...

Cherchez le sens des mots suivants dans un dictionnaire:

roule	titre
carburant	bouffée
débouché	pérennisée
excédents	déclencher
perte	bagatelle

En écoutant le reportage ...

Cochez les mots ci-dessus à mesure que vous les entendrez.

Après avoir regardé la vidéo ...

1 Répondez aux questions suivantes:
   a Quelle est la différence entre la voiture que l'on voit au début du reportage et une voiture ordinaire?
   b Pourquoi les agriculteurs sont-ils en faveur des biocarburants?
   c Quels sont les frais de production relatifs de ces carburants et des carburants traditionnels?
   d Quelle proportion de biocarburant pourrait être incluse dans le super?

2 Mettez ces phrases dans un ordre qui correspond au sens du reportage:
   a La petite Brézilienne roule uniquement à l'éthanol.
   b Mais il ne faudrait pas que les agriculteurs oublient leur vocation première.
   c Les agriculteurs lui ont réservé le plus bel accueil.
   d Faire de l'énergie fait bien partie de l'agriculture.

3 Complétez les blancs dans le passage suivant:
   Le réalisme serait d'......... 5% d'éthanol dans le ...., comme cela existe à .... expérimental dans onze .... Cela représenterait 450.000 hectares de ...., de betterave, une .... d'oxygène pour les agriculteurs. Les pétroliers seraient .... à jouer le jeu si l'exonération .... était pérennisée.

❚❚ Un peu de grammaire

«Falloir»

La voiture alco-végétale peut-elle réussir? Oui, mais à quelles conditions? Cela nous amène à parler de ce qu'il faudrait faire. N'oubliez pas que le verbe «falloir» est un verbe indéfini, qui n'admet donc que le sujet «il»:

il faut, il faudra, il a fallu, etc.

Dans le reportage télévisé, voici deux emplois de ce verbe:
(1) falloir + verbe à l'infinitif
- Il ne *faut* pas *dépasser* des quantités trop importantes.
- Il *faut déclencher* des investissements.

(2) falloir que + le subjonctif du verbe
- Il *faut* qu'*il y ait* une décision du gouvernement.
- Il ne *faudrait* pas que les agriculteurs *oublient* leur vocation première.

Il y a également un troisième emploi de ce verbe:
(3) falloir + nom
- Il nous *faut une décision.*
- Il leur *faut un autre débouché.*

Entraînez-vous!

Vous travaillez pour une entreprise franco-britannique qui s'intéresse au recyclage de l'emballage des achats. Vous devez dresser une liste des priorités pour convaincre la municipalité de Bordeaux de travailler avec vous.

Réécrivez chaque phrase en utilisant le verbe **falloir**. Ensuite, expliquez quels points vous semblent prioritaires.

1 La municipalité doit installer trente dépôts au centre-ville.
2 La municipalité doit sensibiliser les Bordelais à l'importance du recyclage.
3 Les magasins devraient employer du papier recyclé pour l'emballage des cadeaux.
4 Les supermarchés devraient proposer une réduction de 5% aux clients qui achètent des produits sans emballage superflu.
5 Un effort collectif est essentiel à l'avenir de la ville.
6 Ce qui manque, c'est le bon slogan!
7 Et ce qui manque aussi, c'est un beau pins fabriqué avec du papier recyclé!

Projets pratiques

1 Ecoutez et regardez le reportage. Prenez des notes et dressez une liste des mesures fiscales que le gouvernement devrait prendre selon le reportage pour que la production du pétrole vert devienne une aubaine pour les agriculteurs français.
2 «Il ne faudrait pas que les agriculteurs oublient leur vocation première». Faites un compte rendu pour expliquer cette phrase. Quelle est leur «vocation première» exactement? Pour quelles raisons risqueraient-ils de l'oublier?

ARTICLE DE PRESSE 3B: Massacre du paysage français

Je regrette les bois, et les champs blondissants,
Les vignes, les jardins et les prés verdissants,
Que mon fleuve traverse ...

Les paroles du poète français Joachim Du Bellay, forcé de quitter l'Anjou pour s'installer à Rome de 1555 à 1558, nous rappellent que le paysage de la France a toujours fait partie de son patrimoine. Cependant, dans bien des villes françaises la vague d'urbanisation, caractéristique de cette fin du XXe siècle, menace de détruire le cadre de vie. Selon l'article du *Figaro*, c'est un véritable massacre: on entreprend de nouveaux travaux, on veut bâtir le moins cher possible, et l'on ne se soucie pas de la beauté des sites naturels.

▮▮ Vous avez bien compris?

Avant de travailler sur l'article ...

Cherchez les expressions suivantes dans votre dictionnaire. Trouvez le sens de chaque expression et expliquez-la en anglais.

une relance	l'affichage
les abords	la tôle ondulée
embellir	une station d'épuration
une cicatrice	s'affranchir
les grandes surfaces	une démarche
un immeuble	

Après avoir lu l'article ...

1 Répondez aux questions suivantes:
   a Quelles sont les deux mesures qui ont choqué l'auteur de cet article du *Figaro*?
   b Quel est le «mal français» dont il parle?
   c Expliquez le lien entre la «collection de cicatrices» et les «apprentis-chirurgiens».
   d Qui a gagné plus de pouvoirs à la suite de l'abandon de la «loi paysage»?
   e Est-ce que l'auteur de l'article s'identifie avec les «Verts»?
   f Que dit-il sur la qualité de vie dans les banlieues?
   g Quel argument économique montre la nécessité de préserver la beauté de la «douce France»?
   h Quelle critique fait-on des propriétaires de maisons en France?

2 Complétez les phrases suivantes d'après le sens de l'article:
   a Pour relancer l'industrie du bâtiment on a ....
   b Souvent, pour élargir une route ....
   c Pour la France, le tourisme ....
   d Dans le quartier des Halles, la police ....

3 Traduisez en anglais le dernier paragraphe de l'article.

Le massacre du paysage français

Dans les lieux symboliques, les «Grands Travaux» sont finis. Ailleurs en France, pourquoi, lorsqu'on modernise, n'embellit-on jamais notre paysage? Il fait pourtant partie de notre patrimoine. Enquête sur ceux qui le défigurent.

PAR FRANÇOIS HAUTER

Le 18 novembre, François Mitterrand inaugurait le Grand Louvre. Cinq semaines après exactement, très discrètement, Bernard Bosson, ministre de l'Équipement, faisait rendre facultatif, par l'Assemblée nationale, le volet paysager de la «loi paysage» votée en janvier 1993. Et «simplifier» les procédures de l'urbanisme. Au nom d'une nécessaire relance du bâtiment et des Travaux publics.

Rien à voir? Les deux événements illustrent un mal bien français: les seuls paysages dignes de nos regards restent les lieux historiques. Pour ces lieux, rien n'est trop coûteux. Ailleurs, rien n'est trop ordinaire.

Dans nos campagnes, aux abords de nos villes, lorsqu'on modernise, on n'embellit jamais. Et pour avoir considéré comme sans aucune importance ces paysages de notre vie quotidienne, nous voici devant un lifting sauvage et consternant. La «Douce France» ressemble de plus en plus à une collection de cicatrices.

Qui sont les apprentis-chirurgiens? Les fonctionnaires de l'État d'abord, puis les maires qui, depuis 1982 et les lois sur la décentralisation, règnent sans partage sur leurs communes. Les architectes aussi, les promoteurs, les ingénieurs de l'Équipement, les constructeurs de grandes surfaces et les agriculteurs. Leurs logiques particulières convergent toutes vers le massacre de nos paysages, et une vie plus dure.

Ainsi le maire, pour quelques emplois nouveaux sur sa commune, acceptera-t-il n'importe quel bâtiment. Le commerçant – le marketing avant tout! – exigera l'immeuble et l'affichage le plus agressif. Au promoteur sélectionné de construire le moins cher possible. A l'architecte de s'adapter. A l'ingénieur de l'Équipement, enfin, de faire raser les arbres gênants pour élargir une route, en tenant compte d'abord du rayon de braquage des voitures. M. l'agriculteur devra aller plus loin, construire sa porcherie industrielle en tôle ondulée près d'un cours d'eau où il faudra prévoir une station d'épuration.

Loin de nous toute l'idéologie passéiste des Verts. Mais au cours de cette enquête, nous l'avons constaté, du maire à l'architecte, chacun peut faire beaucoup

plus beau pour le même prix, en se souciant un peu d'urbanisme et d'environnement. Paysage-patrimoine, lentement construit par la nature et les hommes, paysage-cadre de vie – quel maire peut nier le rôle de la grisaille des banlieues dans le mal-être de ses habitants? –, il est urgent de sauver ce qui peut encore l'être.

Et quand bien même ces arguments esthétiques et psychologiques laisseraient les décideurs indifférents, reste l'argument économique: le tourisme est devenu la première ressource du pays. L'enlaidissement à petites touches de notre environnement immédiat menace cette industrie.

Imaginer un quartier

C'est vrai, il est beaucoup plus facile de construire un bâtiment isolé que d'imaginer un quartier. *«Un vrai projet d'urbanisme, cela coûte de un à trois millions de francs d'études»*, précise l'architecte Christian de Porzamparc. Peu de villes ou de communes maîtrisent donc leur développement car en France l'on commence tout juste à s'affranchir du strict aspect *utilitaire* de l'urbanisme, dont le pire exemple est le quartier des Halles, où la police maintient difficilement l'ordre.

Cette démarche «utilitaire» était d'ailleurs la même, au niveau individuel. *«Longtemps,* constate Christian-Louis Victor, le PDG des Maisons Phénix, *les gens voulaient dépenser à l'intérieur de leur maison, pas à l'extérieur.»* Pourquoi les maisons individuelles étaient-elles si laides et ternes? *«Pourquoi les Renault 4 étaient-elles atroces?»* répond-il.

Ces prochains jours, nous évoquerons ici la responsabilté des protagonistes de ce gâchis. Protagonistes, ou plutôt coupables, même si aucun d'eux ne se sent vraiment concerné par la situation. Il est essentiel de les réveiller, et de reconquérir un cadre de vie dont nous sommes dépositaires, pas propriétaires.

F.H.
Le Figaro

Projets pratiques

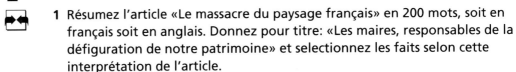

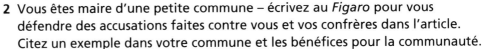

1 Résumez l'article «Le massacre du paysage français» en 200 mots, soit en français soit en anglais. Donnez pour titre: «Les maires, responsables de la défiguration de notre patrimoine» et selectionnez les faits selon cette interprétation de l'article.

2 Vous êtes maire d'une petite commune – écrivez au *Figaro* pour vous défendre des accusations faites contre vous et vos confrères dans l'article. Citez un exemple dans votre commune et les bénéfices pour la communauté.

3 Faites une analyse de la photo qui accompagne l'article (ou une photo sur le même sujet, que vous avez vue ailleurs). Décrivez la situation et l'évolution probable des événements qui a créé ce paysage.

4 Décrivez les rôles des gens concernés (le fermier, le constructeur, le promoteur, les propriétaires des maisons, les constructeurs des pylônes, les pouvoirs publics [maire, conseil municipal]).

5 «La police maintient difficilement l'ordre dans le quartier des Halles.» En citant un exemple avec lequel vous êtes familier, expliquez pourquoi souvent, dans les grandes villes, il est difficile de maintenir l'ordre public.

6 Dans un groupe, discutez d'un projet dans votre voisinage. Présents seront …

rôle	préoccupations
un directeur/une directrice de marketing	publicité
un(e) commerçant(e)	chiffre d'affaires
un homme/une femme d'affaires	nombre de clients
un promoteur/une promotrice	marge
un architecte	marge, désir de développer ses propres designs
le maire	avantages pour la communauté, popularité personelle
un «vert»	écologie/sauvegarde de l'environnement

Préparez votre rôle selon le projet et selon «votre» point de vue.

«Et pour finir …»

Un journaliste a soutenu que: «Tout le monde croit au fond de son cœur que les Verts ont raison. Mais peu de gens sont prêts à faire de véritables sacrifices au nom de l'écologie.» Vous écrirez une lettre au rédacteur du journal pour exprimer vos idées.

4 La science et la technologie

Pour réaliser des progrès scientifiques, il faut parfois faire des pas en arrière! Combien de scientifiques consacrent leur vie aux recherches sur les origines de notre planète. C'est en approfondissant nos connaissances de l'univers primitif, selon eux, que nous arriverons à mieux comprendre le monde dans lequel nous vivons. Dans le premier extrait télévisé, nous suivrons les expériences de deux équipes scientifiques américaines. Nous verrons la première équipe dans le désert d'Arizona, au moment où elle s'apprête à s'enfermer dans une biosphère.

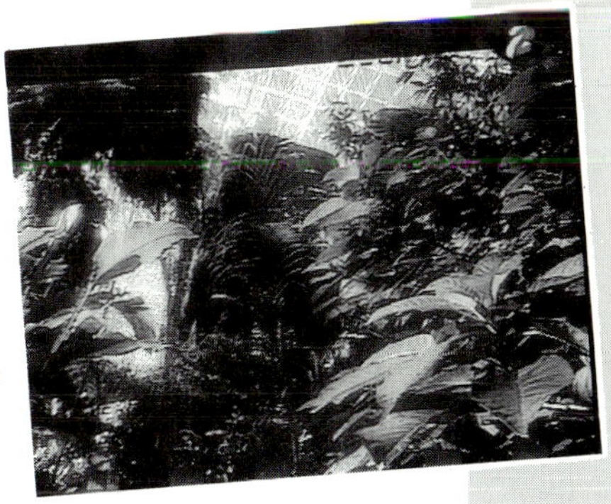

EXTRAIT TELEVISE 4A: Biosphère en Arizona

❚❚ Vous avez bien compris?

Avant de regarder la vidéo ...

Choisissez dans la liste ci-dessous les définitions qui correspondent aux mots suivants:

a   une poignée
b   défiler
c   étouffer
d   dégager
e   la bise
f   un bocal

i   un vent froid
ii exhaler
iii périr par manque d'oxygène
iv une sorte de bouteille
v   un petit nombre
vi passer régulièrement

Après avoir regardé la vidéo ...

1   Complétez les blancs avec des mots choisis dans la liste en dessous:
    Grâce à la .... et à la chlorophylle, les plantes purifient l'atmosphère, elles .... le gaz carbonique de l'air, elles .... de l'oxygène sans .... nos bionautes finiraient par .... Elles respirent, elles .... aussi; l'eau qu'elles dégagent se condense; elle est .... par des gouttières sur les hectares de .... de cette structure babylonienne. Cela représente des tonnes d'eau qui retournent ainsi chaque jour à terre. Tout cela .... donc tout seul? Non, ce n'est pas si simple. Ecoutez .... la réalité sonore de ces tropiques en capsule. La bise est artificielle, elle .... de cette grotte. C'est que Biosphère Deux est climatisée, sinon comment faire coexister dans le même .... une forêt tropicale où il fait 35 degrés et très .... et un désert où la température .... doit être plus ....?

    basse   étouffer   plutôt   humide   bocal   lumière   obscurité
    dégagent   marche   fonctionne   libèrent   vitres   absorbent
    transpirent   lequel   récupérée   provient   moyenne

2 Les phrases suivantes sont-elles vraies ou fausses?
   a Biosphère Deux est construite en plastique.
   b Les plantes dégagent de l'oxygène.
   c On est obligé d'alimenter Biosphère Deux avec des tonnes d'eau chaque jour.
   d Les bionautes ont, en moyenne, 30 ans.

▮▮ Un peu de grammaire

L'inversion après les citations (le discours direct)

Les journalistes citent des personnes qu'ils ont interviewées pour rendre leurs reportages plus intéressants, plus immédiats. Quand ils utilisent un verbe comme «dire», «répondre», etc. après les mots cités, il faut **l'inversion** du verbe et du sujet:
– C'est le paradis perdu, *s'extasient les touristes.*
– Non, *répond le guide.*

Et si le verbe vient interrompre la citation, l'inversion est toujours de règle:
– Mais, *demandent-ils*, pour vivre, le jardin ne suffirait-il pas?
Vous remarquerez que si vous faites l'inversion d'un verbe et d'un nom, vous **n'avez pas** de trait d'union (*répond le guide*), mais s'il s'agit d'un verbe et d'un pronom, **il faut** un trait d'union (*demandent-ils*).

Entraînez-vous!

Océanopolis a été créé en 1990 à Brest (en Bretagne). Ce parc maritime sera bientôt développé et Océanopolis II devra être le «Jurassic Park» de la Mer. Voici un reportage sur Océanopolis. Vous voulez y ajouter des commentaires pour un article de journal. Réécrivez le reportage en faisant l'inversion du sujet dans chaque commentaire.

Océanopolis: réussite, mais aménagements prévus
Depuis son inauguration en juin 1990, Océanopolis est une incontestable réussite. Le centre est dédié à la mer:
– (commentaire a)
Océanopolis est conçu comme un outil de découverte de l'océan, capable d'attirer le grand public:
– (b)
La région se félicite de sa position de capitale de recherche de la mer:
– (c)
et Océanopolis joue un rôle essentiel pour le Finistère:
– (d)
Mais un projet de développement plus ambitieux vise à en faire un gigantesque parc scientifique marin:
– (e)
Evidemment, un tel aménagement suppose un investissement important:
– (f)
Pour le moment, les visiteurs, même les plus jeunes, se prononcent satisfaits:
– (g)

(a) L'équipe qui anime le centre explique:
– Nous voyons la mer, notre mer, telle qu'elle est.

(b) Un chercheur précise:
– Océanopolis est un produit expérimental, qui montre que les sciences et la mer suscitent un grand intérêt pour le public.

(c) L'Office du tourisme s'extasie:
– Brest accueille le plus important centre de recherche océanographique de France.

(d) Le Préfet du Finistère a écrit sur le livre d'or du centre marin:
– Aujourd'hui, l'avenir du tourisme en Finistère, c'est l'Océanopolis.

(e) Le maire de Brest a remarqué:
– J'apprécie beaucoup ce qui existe déjà, mais au terme d'une visite on attend encore plus.

(f) Un conseiller général a affirmé:
Il faut investir 100 millions de francs pour Océanopolis II.

(g) Christophe, visiteur, âgé de 7 ans, s'exclame:
– Le crabe énorme, c'est horrible, il faut le voir!
Et sa sœur Lucie, 10 ans, ajoute:
– Moi, je préfère la grotte des phoques.

Projets *pratiques*

▶▶▶

1 «Vivre pendant deux ans … comme sur une autre planète». Recréez une conversation avec votre famille dans laquelle vous essayez d'expliquer pourquoi vous voulez faire partie de cette expérience ou décrivez/racontez vos sentiments par écrit (comme si vous écriviez dans votre journal intime) juste avant de commencer cet exploit.
Parlez ou écrivez de vos espoirs, de vos enthousiasmes, de vos craintes, de vos doutes, de vos regrets.

2 «Tout cela fonctionne donc tout seul? Non, pas si simple.» Selon vos impressions du reportage, notez les aspects de cette expérience qui ne sont pas authentiques. On nous dit que, par exemple:
- le bocal est climatisé
- la bise est artificielle
- les touristes vous guettent depuis l'extérieur.
Quels autres aspects seraient peut-être plus «terriens» que «martiens»?

3 Après six mois, un membre de l'équipe veut absolument partir. Essayez de le persuader de rester. Préparation: dressez chacun votre liste de cinq ou six raisons ou arguments pour rester ou pour partir avant de commencer votre discussion.

▶▶▶

ARTICLE DE PRESSE 4A: Un œuf de dinosaure

Le film *Jurassic Park* a connu un succès incroyable, suscitant un grand intérêt pour tout ce qui touche aux dinosaures. Mais saviez-vous que l'idée de reconstituer des bêtes préhistoriques à partir de l'ADN, la matière génétique, qui nous est parvenue, n'est pas totalement fantaisiste? Le reportage suivant sur la découverte d'un œuf de dinosaure fossilisé nous laisse voir ce que les scientifiques espèrent retrouver dans ces débris des premières ères.

Il date du jurassique, comme les monstres du film de Steven Spielberg, *Jurassic Park*

De la graine de dinosaure dans l'œuf d'Amérique

L'annonce, mardi à Denver (Colorado), de la découverte de ce fossile exceptionnel du mésozoïque, relance le débat sur l'avenir du savoir biotechnologique.

WASHINGTON:
Stéphane MARCHAND

Il date de l'ère secondaire, période jurassique, il y a environ cent quarante-cinq millions d'années. Il est plus petit qu'un œuf d'autruche mais plus gros qu'un œuf de poule. C'est l'œuf de dinosaure fossilisé dont des paléontologues américains viennent d'annoncer la découverte.

Lors d'une conférence de presse, les scientifiques de Denver, dans le Colorado, ne dissimulaient pas leur excitation. Ils avaient déjà trouvé de nombreux œufs datant de la fin de l'ère secondaire, il y a soixante-cinq millions d'années, à une époque où les dinosaures étaient déjà au bord de l'extinction.

Les débris de jaune d'œuf fossilisé décrit mardi par Ken Carpenter, le directeur de recherche, datent du Jurassique (milieu de l'ère secondaire), âge d'or des dinosaures. Ken Carpenter n'exclut pas d'extraire du fossile, qui reposait près de Canon City – au sud de Denver –, des os d'embryon qui permettraient de déterminer de quel dinosaure il s'agit.

La population de l'île

Des dizaines de millions d'Américains espèrent en secret que l'œuf abrite un Tyrannosaurus rex, le héros bipède, carnivore et monstrueux de *Jurassic Park*, le thriller préhistorique de Steven Spielberg qui a pulvérisé un record en rapportant 200 millions de dollars moins d'un mois après sa sortie.

L'adaptation du best-seller de Michael Crichton est d'ores et déjà un de ces contes mythiques qui demeurera dans l'histoire de l'imaginaire américain. La Dinomania secoue le Nouveau Monde.

L'intrigue de *Jurassic Park* est fondée sur un rêve biotechnologique. Un savant extrait l'ADN de dinosaure contenu dans le sang d'un insecte, fossilisé juste après avoir piqué une de ces énormes reptiles. Grâce au savoir futuriste des biotechnologies, ce savant presque fou reconstitue des embryons à partir des informations génétiques contenues dans l'ADN. Il lui suffit ensuite de couver les embryons et de les laisser se développer pour pouvoir ouvrir,

sur une île au large du Costa Rica, un zoo d'un genre inédit: le Parc Jurassique.

Seuls des mâles sont ainsi «clonés» afin de garantir aux organisateurs le contrôle de la population de l'île. Mais les savants commettent une grave erreur en comblant les «trous» dans les ADN antiques par des morceaux d'ADN de grenouilles hermaphrodites.

Les dinosaures se reproduisent donc à leur guise et le parc d'attraction tourne vite au cauchemar de la reproduction sauvage.

L'ambre de l'arbre

Au mois de juin dernier, au plus grand bénéfice publicitaire du film, la revue britannique *Nature* avait publié les découvertes d'une équipe de scientifiques de Californie. Ces derniers étaient parvenus à extraire les plus vieux ADN jamais exploités du sang d'un charançon contemporain des dinosaures.

Cet insecte avait péri englué dans la résine d'arbre, il y avait au moins cent vingt millions d'années, avant d'être fossilisé lorsque la résine s'était transformée en ambre. Le fossile a été retrouvé près de Jezzine, une ville du Sud-Liban.

Ce coléoptère vivait au Crétacé, période qui a immédiatement suivi le Jurassique.

Raul Cano, de l'Université polytechnique de Californie, déclarait au *New York Times*: *«La possibilité de reconstituer des dinosaures par clonage est extrêmement lointaine. Probablement impossible. Mais nous avons au moins démontré que des ADN aussi vieux peuvent survivre jusqu'à aujourd'hui.»*

En réalité, le charançon incriminé était un herbivore incapable de mordre un dinosaure.

D'autres insectes préhistoriques fossilisés, notamment des mites, capables de mordre, seront bientôt mises à l'étude.   **St. M.** *Le Figaro*

▮▮ Vous avez bien compris?

Avant de travailler sur l'article …

Choisissez dans la liste ci-dessous la définition qui correspond aux expressions suivantes:

a	une autruche	**i**	depuis quelque temps
b	pulvériser	**ii**	un grand oiseau qui ne vole pas mais qui peut courir très vite
c	d'ores et déjà	**iii**	réduire en poussière
d	couver	**iv**	une classe d'insectes (anglais: *beetles*)
e	un charançon	**v**	garder des œufs au chaud
f	les coléoptères	**vi**	un petit insecte qui mange des graines, de la farine

Après avoir lu l'article ...

1 Cherchez dans l'article les détails suivants:
  a les dimensions de l'œuf
  b où l'a-t-on trouvé?
  c le nom du directeur de recherche
  d comment espère-t-on déterminer de quel dinosaure il s'agit?
  e la description du tyrannosaure
  f le réalisateur du film *Jurassic Park*
  g l'auteur du livre qui a inspiré le film.

2 Expliquez l'erreur commise par les biotechniciens dans le film.

3 Où a-t-on trouvé le charançon dont on parle dans la revue *Nature*?

4 Quelle est la différence essentielle entre le charançon et l'insecte du film?

Projets pratiques

▶▶

1a Devant deux ou trois partenaires qui joueront le rôle de reporters, vous allez tenir deux conférences de presse: l'une sur la découverte scientifique, l'autre sur le film hollywoodien.
Sans consulter encore l'article, répondez aux questions des «reporters» qui vont, suivant vos réponses, rédiger des articles séparés sur ces deux conférences.

Les «reporters» doivent préparer leurs questions à l'avance bien sûr. Ils doivent lire attentivement l'article et poser des questions sur les détails qui les intéressent. Par exemple:
  • Pour la conférence sur la découverte scientifique:
    Combien d'œufs de dinosaure avez-vous trouvés exactement?
    Croyez-vous vraiment que vous pourrez les faire éclore?
  • Pour la conférence sur le film:
    Comment avez-vous pu faire «marcher» les dinosaures dans le film?
    Pourquoi croyez-vous que le film a connu un tel succès?
    Allez-vous filmer un *Jurassic Park II*?

1b Enfin, faites ensemble la comparaison entre vos deux nouveaux articles et l'article de Stéphane Marchand.

2 Si vous avez vu le film *Jurassic Park* ou même lu le livre, racontez vos impressions par écrit ou discutez-en avec des partenaires. Sinon, écrivez ou parlez de n'importe quel autre film de science-fiction que vous avez vu.
  • Pourquoi aimez-vous le film ou le livre?
  • Croyez-vous que la fiction puisse devenir réalité?

▶▶

«Et pour finir ...»

Votre classe va participer à un concours organisé par le Centre de recherches sur la préhistoire. Vous devez expliquer ce que vous aimeriez découvrir dans un musée d'images vivantes consacré à la préhistoire.

EXTRAIT TELEVISE 4B: Mini-téléphone de poche

Comment nommera-t-on le XXe siècle dans les manuels d'histoire de l'avenir? Ce sera peut-être le siècle de la technologie, tant les nouvelles connaissances scientifiques et les nouveaux procédés ont transformé la vie de tous les jours. En fait, bien des rêves se sont réalisés grâce aux technologies de pointe. Un exemple récent, la commercialisation d'un réseau de mini-téléphones de poche, qui viendra peut-être remplacer les cabines publiques.

▌▌ Vous avez bien compris?

Avant de regarder la vidéo …

Faites une liste des avantages d'un téléphone sans fil.

Après avoir regardé la vidéo …

1 Répondez aux questions suivantes:
 a Quelle est la description un peu chauvine du mini-téléphone, au début du reportage?
 b Quelles sont les caractéristiques (non chauvines) de l'appareil?
 c Qu'est-ce qui limite le fonctionnement des bip-bop? (Notez la remarque du présentateur à la fin du reportage.)
 d Combien de bornes seront installées dans le centre-ville?
 e Quel est le désavantage financier?
 f Quels sont les projets de France Télécom pour l'avenir du mini-téléphone?
 g De quoi aura-t-on peut-être moins besoin à l'avenir?

2 Réorganisez les phrases suivantes selon le sens du reportage:

	1re partie	2e partie	3e partie
a	A Strasbourg	il n'y a que 300 bornes	on peut téléphoner dans la rue.
b	A condition d'être	compter plus de cinq cents mille	à la fin de l'année prochaine.
c	Pour l'instant	sont indiquées par	avec un téléphone portatif.
d	Cependant, on espère	on fait des expériences	une borne tricolore.
e	Les antennes	près d'une antenne	installées.

▌▌ Un peu de grammaire

«Ce, cette, etc.» (adjectifs démonstratifs)

Le reportage sur les mini-téléphones de poche désignent les objets dont on parle en utilisant les formes de l'adjectif démonstratif – ce, cette, etc.·

ce devant un nom masculin au singulier qui commence par une consonne, ou un «h» aspiré: *ce téléphone, ce hibou*

cet devant un mot masculin au singulier qui commence par une voyelle ou un «h» muet: *cet abonné, cet homme*

cette devant un mot féminin au singulier: *cette agglomération, cette merveille*

ces devant tous les mots au pluriel, masculins ou féminins: *ces mini-combinés de poche, ces bornes.*
(N.B. la forme «cettes» n'existe pas!)

Entraînez-vous!

Voici une conversation dans la boutique «Tout Téléphone».

Remplissez les trous dans la conversation suivante avec la forme (**ce, cet, cette, ces**) qui convient:

– Bonjour Madame, vous désirez quelque chose?

– Oui, je voudrais me renseigner sur .... téléphones.

– Lesquels? .... mini-combinés de poche ou .... appareil là-bas?

– Oui, celui-là, ... téléphone sans fil.

– D'accord. Alors, ... modèle, le «Baladeur X3», vient de sortir et il est en offre spéciale .... semaine.

– Dites-moi, ... touches rouges, elles servent à quoi?

– A vous faire savoir le tarif de votre communication à la fin de l'appel. Regardez, Madame. Si vous appuyez sur .... bouton, ... chiffres apparaissent tout de suite.

– Et .... autre modèle, c'est quoi?

– Alors, celui-ci est le premier modèle, le «Baladeur X1», qui est très pratique, mais il n'a pas ..... avantage de vous faire voir le tarif. Par contre, ... premier modèle est disponible en toutes .... couleurs: rouge, rose, orange.

– Quelle horreur! Non, mais je dois réfléchir. Vous êtes ouvert .... après-midi?

– Bien sûr, Madame. Attendez, je vous donne .... carte, avec nos heures d'ouverture.

– Merci, au revoir.

Projets pratiques

▸▸

1 Imaginez que vous vous promenez dans les rues de Strasbourg. Partout autour de vous il y a des gens qui se parlent apparemment à eux-mêmes et à haute voix. Citez des exemples de bribes de conversation que vous entendez. Par exemple:
– Allô? Jacques? Tout va bien alors à l'Elysée?
– Mais non maman, je n'oublierai pas!
– ... à 3 heures, dimanche alors. Ciao!
– Je suis désolé, Monsieur le directeur ...
– Nos prix défient toute concurrence, Madame.
Continuez la liste selon votre imagination.

2 Avec un(e) partenaire, recréez une conversation téléphonique entière en vous inspirant d'une des bribes de conversation ci-dessus. Décidez avant de commencer qui vous êtes tou(te)s les deux en dressant un petit portrait de chaque personnage. Par exemple:
• Une jeune fille (17) qui parle avec sa mère au sujet des courses à faire.
• Le responsable du service de ventes d'une grande société qui parle avec une cliente.

3 Ecrivez une lettre à un journal où vous protestez vivement contre ces utilisateurs de téléphone-baladeur dans les trains. Ça vous agace tellement de devoir écouter la moitié d'une conversation privée, souvent criée à tue-tête, à laquelle les autres passagers ne peuvent pas échapper. C'est un pur manque de politesse …

ARTICLE DE PRESSE 4B: Puces antivol

La voiture, elle, est une des inventions les plus remarquables du XXe siècle. Mais en France, comme en Grande-Bretagne, le nombre de vols de voitures ne cesse de croître. On essaie donc de créer des systèmes antivol de haute technologie. Or, comment la puce – cette autre invention de premier plan – peut-elle limiter les vols de voitures? Notre reportage passe en revue deux systèmes qui pourraient s'imposer en France.

■■ Vous avez bien compris?

Avant de travailler sur l'article …

Cherchez les expressions suivantes dans votre dictionnaire:

une puce (notez les deux sens du
    mot)
une balise
un vol (notez les deux sens du
    mot)
une prime d'assurance
démarrer, démarrage
codé
numérique
initier

dépourvu de
à l'échelle de
un émetteur
une borne (voir aussi le reportage
    vidéo 4b sur le mini-téléphone)
un péage
repérer
un voilier
la banquise

Après avoir lu l'article …

1 Complétez les phrases suivantes:
    a Un accord sur des recherches pour perfectionner les systèmes antivol vient d'être signé par …
    b Le coût du vol représente un élément important dans …
    c Le calculateur d'injection est une pièce …
    d Certains antivols ne fonctionnent pas dans les voitures …

2 Voici la traduction d'un paragraphe de l'article:
According to Citroën engineers, probably the simplest anti-theft system, likely to become widespread over the next few years, is a device to prevent ignition, based on a computer code. Citroën could claim to be pioneers in this field since they are at present the only manufacturer to have installed in their top of the range models 'the anti-theft device of the Year 2000', a digital encryption system which prevents a car being started.

Maintenant, sans vous référer au texte original, répondez en français aux questions suivantes:
    a What hopes do Citroën's engineers have for their invention?
    b Basically, how does it work?
    c What claim does Citroën have to be leader in this field?

Techniques
Les projets des constructeurs, des assureurs et des pouvoirs publics

Des puces antivol pour les voitures

L'électronique devrait améliorer les systèmes de sécurité. Codages, verrouillages divers et balises émettrices sont actuellement expérimentés, pour une mise en œuvre à court ou moyen terme.

Sur la Citroën XM V6-24, le conducteur doit taper un code secret sur un dispositif placé sur la console, pour établir l'allumage et l'injection électronique. (Document Citroën.)

Nos voitures seront peut-être un jour suivies par satellites pour limiter les tentatives de vol dont elles font l'objet. C'est ce que laisse penser l'accord qui vient d'être signé à l'initiative de Paul Quilès, ministre de l'Intérieur, entre les pouvoirs publics, les assureurs et les constructeurs.

Destiné à mettre sur pied un groupe de travail qui sera chargé d'étudier dans les six mois à venir *«un système perfectionné de détection et de recherche des véhicules volés»*, cet accord va permettre pour la première fois d'évaluer concrètement les possibilités offertes par certains systèmes antivols de haute technologie. La panoplie des moyens envisageables pour remédier à ce problème – dont le coût, globalement, représente 30% de notre prime d'assurance – apparaît variée, comme le montrent, du plus simple au plus complexe, les multiples systèmes déjà expérimentés ou encore en projet.

«Le système antivol le plus simple, qui devrait se généraliser ces prochaines années, c'est probablement l'anti-démarrage codé», expliquent par exemple les ingénieurs de chez Citroën, la marque *«pilote»* en la matière, puisqu'elle est la seule actuellement à avoir monté sur ses modèles haut de gamme un *«antivol de l'an 2000»*, en fait un codeur numérique sans lequel il est impossible de mettre le véhicule en marche.

Par la vitre brisée

A l'intérieur de la voiture, ce système de protection se présente sous forme d'un clavier placé sur la console centrale. Il permet au conducteur d'entrer un code – secret, naturellement –, qui initie le calculateur d'injection. Une pièce sans laquelle la voiture ne peut absolument pas fonctionner, puisqu'il s'agit de la puce électronique chargée d'injecter le mélange air-essence dans les cylindres en fonction de la pression du pied du conducteur sur l'accélérateur ...

S'il ne coûte pas trop cher – nettement moins que la pose d'une alarme –, cet antivol présente cependant le défaut de ne pas pouvoir s'appliquer aux voitures Diesel, dépourvues d'électronique au niveau de l'alimentation du moteur en carburant. Mais on estime, dans les bureaux d'études des constructeurs, que l'injection des véhicules fonctionnant au gazole va suffisamment évoluer vers «l'électronication» ces prochaines années pour qu'un tel système leur devienne applicable.

Cependant, à l'échelle de quelques années, c'est sans doute le système Volback qui devrait s'imposer: déjà proposé en France, mais en dehors actuellement des constructeurs, ce concept ouvre l'ère de la «puce antivol» à bord de nos voitures: un «marqueur inerte» – en fait un minuscule émetteur qui ne fait que répondre à des sollicitations électroniques – est caché en un endroit particulièrement difficile d'accès du véhicule. Lorsque celui-ci passe à proximité de bornes d'interrogation, la «puce» s'anime, donnant l'identité de la voiture sur laquelle elle se trouve, permettant ainsi de vérifier instantanément si elle est volée ou non.

Par satellite

Efficace sur le plan technique, comme le montrent les quelque 1 300 bornes interrogatrices déjà implantées avec l'accord des pouvoirs publics sur les points stratégiques du réseau routier et autoroutier – péages, postes-frontières –, ce système souffre encore toutefois de quelques défauts de jeunesse: actuellement gros comme une boîte d'allumettes, il se repère assez facilement sur la voiture. En outre, ce concept ne plaît pas toujours aux gendarmes de service à proximité des bornes, qui estiment avoir d'autres missions de surveillance à mener que celui qui consisterait à foncer à la poursuite de chaque véhicule suspect pour s'assurer qu'il a bien été volé.

Enfin, il n'est pas impossible que nos voitures finissent un jour par être surveillées par satellite: des essais menés notamment en Allemagne étudient d'ores et déjà de monter sur chacune d'elles une balise émettrice du type Argos qui permettrait de les suivre en permanence partout dans le monde, comme on suit actuellement les voiliers des courses transatlantiques ou les ours en déplacement sur la banquise polaire ...

Jean-Paul CROIZÉ
Le Figaro

3 Expliquez le fonctionnement du système Volback.

4 Pourquoi la police n'est-elle pas tout à fait enthousiaste?

5 Quel sera le rôle des satellites à l'avenir?

Projets pratiques

1 Résumez en français l'article en 150 mots – cela veut dire que seuls les faits les plus importants doivent être relevés.

2 Il y a deux systèmes antivol décrits de conception très différente:
- le premier «à la Citroën» pour empêcher qu'on vole le véhicule
- le deuxième «Volback» pour pouvoir suivre un véhicule qui a déjà été volé.

Lequel des deux systèmes préférez-vous et pourquoi?

Discutez-en avec un(e) ou des partenaires; ou rédigez une analyse des avantages ou des inconvénients de ces deux concepts.

3a Vous êtes gendarme de service à proximité d'une borne interrogatrice. Selon les données émises par l'ordinateur, une Jaguar rouge qui vient de passer aurait été volée deux heures avant. Racontez la poursuite.

3b Résumez par écrit l'histoire de la poursuite.

«Et pour finir ...»

Le magazine *Faire un bon achat!* consacre un numéro spécial aux appareils que leurs lecteurs auront testés. Vous écrirez une lettre sur un appareil que vous avez eu l'occasion d'utiliser.

5 L'éducation

Quelle place les langues vivantes devraient-elles occuper dans le système scolaire? Et comment enseigner les langues? Voici deux questions qui ne cessent de faire couler beaucoup d'encre et sur lesquelles – en tant que spécialistes du français – vous aurez sans doute vos propres idées. Comment les Français répondraient-ils à ces questions? A une époque où le marché libre de l'Union européenne s'est réalisé, les langues devraient logiquement occuper une place prioritaire. Mais ce n'est pas forcément le cas pour la deuxième et la troisième langue vivante, comme nous l'explique notre premier reportage.

EXTRAIT TELEVISE 5A: L'enseignement des langues

■■ Vous avez bien compris?

Avant de regarder la vidéo ...

Lisez l'explication des noms des classes dans le système scolaire en France:

Enseignement primaire

Cours préparatoire	– 6 ans
Cours élémentaire 1 et 2	– 7 à 9 ans
Cours moyen 1 et 2	– 9 à 11 ans

Enseignement secondaire

Collège:	classe de 6ᵉ	– 11 ans
	jusqu'à la 3ᵉ	– 15 ans
Lycée:	classe de 2ᵉ, 1ʳᵉ et Terminale	– 15 à 18/19 ans

Après avoir regardé la vidéo ...

1 Voici les éléments du programme «Langues plus»:
   a phase de sensibilisation à la première langue vivante
   b enseignement obligatoire d'une deuxième langue
   c renforcement de la première langue et possibilité d'étudier une deuxième et une troisième langue.
   Indiquez à quelle classe ces différents éléments sont appliqués:
   i Seconde
   ii Quatrième
   iii Cours moyen 1 et cours moyen 2.

2 Répondez aux questions suivantes:
   a Pourquoi est-ce que l'allemand est un choix évident en Alsace?

    b Pourquoi les élèves du collège à Strasbourg sont-ils familiers avec l'Europe?

    c Quelle langue risque d'être le plus souvent choisie par les élèves?

3 Remplissez les trous dans cet extrait du reportage en choisissant les mots dans la liste qui suit:

Depuis plusieurs semaines déjà, dans les collèges et les lycées, la nouvelle réforme de Lionel Jospin inquiète. Désormais, après la classe de ...., la seconde langue .... sera .... Un coup .... notamment pour les professeurs de langues .... secondaires: le russe, l'italien, ou même l'allemand. Le .... des élèves dans ces disciplines va nettement .... et de nombreux .... d'enseignants sont menacés, sans compter une .... du niveau général des élèves. Une décision souvent mal .... au moment où l'on met en place la construction de l'Europe.

vivante   diminuer   comprise   troisième   dur   postes   dites
nombre   facultative   baisse

▌▌ Un peu de grammaire

Le futur

Quand on parle de l'éducation, on pense à l'avenir des jeunes, aux développements futurs. S'il s'agit d'un proche avenir, on peut utiliser la forme **aller + infinitif**:
– Le nombre *va* nettement *diminuer.*

Mais cette forme convient surtout à l'oral. A l'écrit, ou pour un futur plus lointain vous devrez utiliser le futur du verbe:
– Les élèves *continueront* à apprendre deux langues.
– On *parlera* au moins deux langues.

N'oubliez pas que le futur de certains verbes très courants est irrégulier. Voici quelques exemples tirés de notre reportage: quel est l'infinitif du verbe dans chaque cas?
– Les CM1 *seront* sensibilisés à une langue vivante.
– Les langues vivantes *pourront* être choisies.
– Elles ne *feront* plus partie de l'enseignement de base.
– Les élèves *devront* faire le bon choix.
– Tout le monde *saura* manier beaucoup de langues.

Entraînez-vous!

Comment voit-on l'avenir de l'éducation? Voici deux points de vue. Vous devrez compléter les textes en mettant les verbes entre parenthèses au futur:

Madame Botte, mère de trois enfants, habite Marseille:

A mon avis, la scolarité (ETRE) prolongée jusqu'à 18 ans. Je crois que la plupart de nos élèves (OBTENIR) leur bac, mais le niveau ne (ETRE) plus le même. Vous (VOIR), ils (ETRE) plus faibles en maths et en langues surtout. Un autre changement que je prévois: les parents (DEVOIR) s'offrir un ordinateur pour les devoirs! Avec ma fille cadette, qui a sept ans, je ne (POUVOIR) plus l'aider sans suivre un stage d'informatique! Quant à mon fils de dix ans, il (ALLER) passer trois mois par an en Angleterre. Nous (RECEVOIR) un lycéen britannique à sa place, et nous (SE CROIRE) vraiment européens!

Monsieur Vitoux, professeur de philosophie, habite Lille:

Je (SE TROUVER) devant une classe de quarante étudiants dont certains ne (PARLER) pas français. Le bâtiment (ETRE) toujours en mauvais état, il y (AVOIR) des fuites d'eau, des pannes d'électricité et, malgré tout, je (FAIRE) les mêmes cours sur Platon, Descartes, Hegel, à des jeunes dont la plupart ne (LIRE) jamais un livre! Le gouvernement ne nous (DONNER) jamais les crédits qu'il nous (FALLOIR) et un jour personne ne (VOULOIR) plus devenir professeur!

Et vous-même, comment voyez-vous l'avenir du système d'enseignement dans votre pays? Rédigez un paragraphe sur ce sujet.

Projets pratiques

1 «Je rappelle toute votre attention car c'est assez compliqué», nous dit le «speaker».
En écoutant le reportage attentivement, faites un diagramme pour illustrer d'une façon simple la réforme (Lionel) Jospin de l'enseignement des langues vivantes.

Niveau	Détails
CM1	
CM2	d'ici trois ans, deuxième langue vivante
4ᵉ	
3ᵉ	
2ᵉ	
1ʳᵉ	
Terminale	

2 Faites un résumé des réactions des professeurs de langues à ce programme.

3 Discutez avec des ami(e)s des arguments et des dangers exprimés dans le reportage en ce qui concerne la possibilité du renforcement de la situation de l'anglais dans le système scolaire français:
• diminution du nombre d'élèves qui étudient les langues vivantes «secondaires»
• baisse du niveau général des élèves
• uniformisation de la deuxième langue enseignée
• abandon de richesse linguistique
• les Français isolés – faute de langues vivantes
• une perte de culture.

4 a «Les langues vivantes, c'est un atout culturel.»
b «On construit l'Europe sans les langues – il y a une contradiction» – exagération ou vrai danger?
Exprimez vos opinions sur un de ces sujets par écrit (sous la forme d'une lettre au *Figaro*) ou à l'oral avec un(e) partenaire.

ARTICLE DE PRESSE 5A: Les séjours à l'étranger

Allez en France perfectionner votre français! Ou, dans le cas inverse, partez pour la Grande-Bretagne (ou bien pour les Etats-Unis) perfectionner votre anglais! Les séjours à l'étranger font partie de grand nombre de programmes d'apprentissage des langues, mais nous savons tous que certains séjours sont plus enrichissants que d'autres. Sans doute faut-il tenir compte de la bonne volonté de l'étudiant, mais comment faire le choix entre toutes les formules proposées? Rester en famille, faire un échange, suivre des cours … l'article du *Figaro* passe en revue les options courantes.

Apprentissage des langues: les séjours à l'étranger

Des dizaines de milliers de jeunes de tous âges vont profiter des vacances d'hiver et de printemps pour aller étudier une langue étrangère dans son pays d'origine.

Les séjours linguistiques attirent bon an mal an plusieurs centaines de milliers de jeunes désireux de combler des lacunes ou d'accéder à l'excellence. Rien de tel, en effet, qu'une «immersion» en Angleterre, en Allemagne ou en Espagne pour faire des progrès en prononciation et acquérir du vocabulaire dans les langues de Shakespeare, Goethe et Cervantes. D'autant que ce type de voyage studieux s'accompagne souvent de cours de langues assurés par des professeurs de langues français ou natifs du pays concerné. Certains séjours linguistiques sont mis en place par les enseignants, généralement sous forme d'échanges, dans le cadre des établissements scolaires. Les autres sont proposés par des organismes spécialisés.

La plupart des séjours sont proposés dans le cadre des congés scolaires: on part surtout pendant les vacances d'hiver, de printemps et d'été, la brièveté des «petites vacances» étant compensée par un apprentissage plus «intensif» de la langue. Mais il existe aussi des formules «à la carte» en cours d'année ainsi que des séjours couvrant une année scolaire complète.

Les grands pays d'Europe accueillent la majorité des jeunes Français aspirant à un plus linguistique. Mais les voyages aux Etats-Unis et au Canada – plutôt adaptés à l'été ou à des séjours plus longs car il faut amortir le prix du voyage – ont leurs inconditionnels. Et il existe un éventail de plus en plus large d'autres destinations, les pays de l'Est par exemple.

Tous les publics scolaires, des écoliers aux étudiants, sont concernés par les séjours linguistiques. Condition sine qua non pour que ces stages à l'étranger soient un bon investissement: les intéressés doivent avoir une bonne motivation, être vraiment candidats au départ et ne pas considérer leur voyage comme une corvée, voire une punition. Plusieurs grandes formules, comportant des avantages mais aussi quelques inconvénients, sont généralement proposées:

Choisir

– **«En famille sans cours»** permet de partager la vie quotidienne d'une famille, aucune activité dirigée n'est prévue. Ce système peut permettre des progrès très rapides si la famille est choisie judicieusement. Mais l'élève doit avoir des bases suffisantes dans la langue et suffisamment de maturité pour progresser par lui-même. Dans certains cas, on atténue son isolement en lui donnant des devoirs à effectuer, sous le contrôle périodique d'un enseignant.

– **Les échanges**, peu onéreux, permettent, également une immersion avec, en outre, la perspective de relations directes et épistolaires prolongées avec un enfant de la famille d'accueil. Mais il est fortement conseillé de trouver des partenaires d'un niveau culturel et social comparable, et les organismes qui se chargent de ce travail sont peu nombreux.

– **«En famille avec cours»** combine l'hébergement dans une famille, des loisirs organisés et des enseignements par petits groupes assurés par des professeurs. Cette formule équilibrée convient dans de nombreux cas. Le principal risque est de contracter de mauvaises habitudes linguistiques en côtoyant d'autres Français – ou de jeunes étrangers d'autres pays.

– **«Hébergement et cours»** propose également des activités et des cours collectifs mais, au lieu d'être accueillis chez l'habitant, sont hébergés dans un collège ou un centre spécialisé. Les jeunes élèves sont mieux encadrés et, pour les plus âgés, le séjour en centre se prête mieux à un enseignement intensif. Revers de la médaille: les contacts avec la population locale sont généralement très limités et, là encore, on risque par exemple de trop parler français – ou sabir – avec ses camarades.

D'autres formules, à base d'enseignements linguistiques et d'hébergement en hôtel ou pension de famille (ou par ses propres moyens) sont conçues pour les adultes.

La réussite d'un séjour linguistique est étroitement liée à la qualité de son organisation. Il faut donc choisir un spécialiste sérieux. Trois groupements professionnels, l'Unosel (293, rue de Vaugirard 75015 Paris), la FFOSC (7, rue Beccaria 75012 Paris) et l'Unat (8, rue César-Franck, 75015 Paris) imposent à leurs membres le respect de chartes

de qualité. On peut aussi s'adresser à des établissements recommandés par des services officiels des pays d'accueil comme le British Council et l'Office britannique de tourisme, l'Office national allemand du tourisme, l'Office national espagnol de tourisme, l'Office du tourisme des Etats-Unis, etc.

La description des formules proposée doit être, dans tous les cas, passée au crible: que recouvre au juste le prix demandé? Une assurance a-t-elle été souscrite? Quels sont le nombre exact d'heures de cours et les activités de loisirs prévues? Qui encadre les enfants? Selon quels critères la famille d'accueil a-t-elle été sélectionnée? En cas de difficulté avec celle-ci, l'élève peut-il contacter un responsable de l'organisation? etc.

Le Figaro

▌▌ Vous avez bien compris?

Avant de travailler sur l'article ...

Cherchez les expressions suivantes dans votre dictionnaire:

une lacune   épistolaire
un enseignant   l'hébergement
le cadre (notez plusieurs sens de ce mot)   cotoyer
amortir   sabir
les intéressés   passer au crible
un inconvénient

Après avoir lu l'article ...

1 Cherchez des phrases dans l'article qui correspondent aux suivantes:
   a Beaucoup de jeunes veulent trouver des remèdes pour leurs faiblesses linguistiques.
   b Certains séjours sont organisés par les écoles.
   c La grande majorité des séjours ont lieu pendant les vacances.
   d La plupart des cours pour les jeunes Français se passent en Europe.
   e La réussite des séjours dépend de l'enthousiasme des participants.

2 Répondez aux questions suivantes:
   a Les séjours sont organisés par qui?
   b A quelle période de l'année?
   c Où peut-on aller?
   d Quelle est la condition essentielle du succès d'un séjour?
   e Quelles questions doit-on poser avant d'accepter un séjour proposé?

3 L'article donne des détails sur quatre formules de séjours linguistiques:
   A en famille sans cours
   B échanges
   C en famille avec cours
   D hébergement et cours.
   Voici une liste globale de tous les avantages et problèmes associés à ces formules. Cochez les mentions valables, selon l'article:

	A	B	C	D
Beaucoup de contact avec les gens du pays				
Facile à organiser				
Activités prévues				
L'élève risque de passer trop de temps avec ses compatriotes				
Important de choisir des partenaires qui vous ressemblent				
L'élève doit savoir travailler seul				
Logement en famille				
Logement en groupe				

P*rojets pratiques*

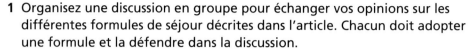

1 Organisez une discussion en groupe pour échanger vos opinions sur les différentes formules de séjour décrites dans l'article. Chacun doit adopter une formule et la défendre dans la discussion.

Alors choisissez entre les possibilités suivantes:

- séjour en famille sans cours
- échange
- en famille avec cours
- hébergement et cours.

Dites aux autres pourquoi vous préférez «votre» formule et expliquez les avantages. Critiquez les désavantages des autres formules.

2 Imaginez une conversation entre des parents et vous, l'organisateur d'une des formules. Les parents vous posent les questions qui se trouvent dans le dernier paragraphe de l'article. Qu'allez-vous répondre? [Pour vous aider dans votre préparation, obtenez une brochure d'une organisation anglaise ou, de préférence, écrivez à une organisation française pour obtenir une de leurs brochures.]

3 Imaginez que vous êtes le directeur/la directrice d'une organisation de séjours linguistiques. Vous devez répondre aux questions que vont vous poser les étudiants et parents devant qui vous avez été invité(e) à parler. (Il faut un minimum de six personnes dans l'assistance.)

«Et pour finir ...»

Vous faites partie d'une équipe qui travaille sur l'enseignement des langues en Europe. Vous devez rédiger deux paragraphes pour résumer vos expériences personnelles:

(1) l'enseignement des langues dans le contexte scolaire

(2) les séjours à l'étranger.

EXTRAIT TELEVISE 5B: L'importance de la lecture

Dans les écoles primaires, la lecture constitue un élément de base. Cependant certains élèves quittent l'école sans avoir appris à lire, comme nous le verrons plus tard dans ce chapitre. Et d'autres ne retiennent aucun goût pour la lecture. Les chiffres inquiètent, et responsables politiques et professeurs essaient de faire renaître le désir de lire. France 2 a fait un sondage parmi des lycéens niçois pour découvrir ce que les jeunes aiment lire.

■■ Vous avez bien compris?

Avant de regarder la vidéo ...

Choisissez dans la liste ci-dessous les définitions qui correspondent aux mots suivants:

a de taille
b un expert-comptable
c coincé
d une copie
e une émission
f prêcher
g bafoué

i le travail écrit par un étudiant
ii immobilisé
iii d'importance
iv un spécialiste dans la vérification des finances
v un programme diffusé par radio ou télévision
vi ridiculisé
vii (ici) recommander

Après avoir regardé la vidéo ...

1 Répondez aux questions suivantes:
   a Parmi les Français, quelle est la catégorie qui lit le moins?
   b Quelle note Michèle Zanutini a-t-elle eu au bac?
   c Pourquoi la lecture est-elle importante, selon Michèle?
   d Qui lui a donné le goût de la lecture?
   e Citez trois raisons proposées par les jeunes gens interviewés pour leur manque d'intérêt à la lecture.
   f Qui lit le plus, les garçons ou les filles?
   g Pourquoi le lycéen a-t-il lu *Candide?* Comment a-t-il trouvé le livre?
   h Pourquoi la lycéenne a-t-elle aimé *Fahrenheit 451*?

2 Complétez les phrases dans la liste A en choisissant les compléments dans la liste B:

A	B
Pour faire une dissertation	j'étais agréablement surpris.
On n'a pas trop envie	on est obligé d'avoir lu des livres.
J'avoue que	pour que le plaisir de lire s'exprime.
Je ne m'attendais pas	de passer deux jours à lire un livre.
Il suffit d'un livre	à ce style.

▮▮ Un peu de grammaire

Expressions autour des verbes «obliger», «intéresser» et «attendre»

Dans ce reportage nous retrouvons trois verbes courants: **obliger**, **intéresser** et **attendre**. Comment est-ce qu'on les emploie?

(1) **obliger**
– On *est obligé d'*avoir lu le livre.
(être obligé de + infinitif)

Mais on dit: obliger quelqu'un d'autre à faire ...
– Le professeur *nous a obligés à* lire le roman.

(2) **intéresser**
– Les filles *s'intéressent* aux romans.
(s'intéresser à + nom)

Mais on dit: être intéressé par quelque chose:
– Les filles *sont intéressées par* la poésie.

Et on dit: avoir un intérêt pour quelque chose:
– Les garçons *ont souvent un intérêt pour* les B.D.

(3) **attendre**
– Je *ne m'attendais pas à* ce style.
(s'attendre à + nom = *to expect*)

Mais on dit: attendre + nom (= *to wait for*)
– *J'attends le bus.*

Et on dit: s'attendre à + infinitif (= *to expect to*)
              s'attendre à ce que + subjonctif (= *to expect that*)
– Elle *s'attend à le voir* demain.
– Elle *s'attend à ce qu'il vienne* demain.

Entraînez-vous!

D'abord traduisez les phrases suivantes en anglais:

1 Les lycéens sont obligés de lire un auteur du XVIIIe siècle.
2 Le nouveau système oblige les professeurs de langues à suivre des stages à l'étranger.
3 Combien de parents s'intéressent aux progrès de leurs enfants?
4 La plupart des étudiants ne sont pas intéressés par la possibilité de faire une troisième langue vivante.
5 Nous avons un grand intérêt pour tout ce qui touche à l'histoire de notre ville.
6 L'école s'attend à de bons résultats au bac.
7 Cette classe attend toujours le professeur.
8 Est-ce que vous vous attendez à être reçu à l'examen?
9 Mes parents s'attendent à ce que je suive un stage d'anglais pendant les vacances.

Puis, réécrivez ces phrases en utilisant les expressions indiquées entre parenthèses:

1 Les lycées doivent accepter tous ceux qui préparent un bac. (être obligé)
2 A cause de la nouvelle réforme, je dois changer de section. (obliger quelqu'un)
3 Vous aimez les peintres impressionnistes? (s'intéresser)
4 Je trouve le sujet ennuyant. (être intéressé)
5 Elle est passionnée par la culture chinoise. (avoir un grand intérêt)

6 J'espère recevoir quelques billets gratuits. (s'attendre)
7 Mon ami doit me retrouver à 5 heures. (attendre)
8 Tu croyais que tu allais gagner le prix? (s'attendre)
9 L'école espère que les parents viendront aux réunions. (s'attendre)

Projets pratiques

1 «On a la télévision. On a tout ce qu'il faut, donc on n'a pas envie de passer deux jours à lire un livre alors que l'émission dure dix minutes. On a su la même chose.» Ecrivez une lettre à un journal où, en tant que professeur de littérature, vous attaquez cette attitude. Indiquez les différences qui existent à votre avis entre les réactions de quelqu'un qui a lu un livre et celles de quelqu'un qui a seulement vu une interprétation du même livre à la télévision.

2a Ecoutez bien et regardez le reportage. On vous donne quelques exemples des réponses au sondage de la SOFRES. Faites une liste de dix questions à poser à des jeunes sur leur attitude envers les livres et la lecture.

2b Faites un sondage en posant les questions à vos partenaires. Ensuite, faites une analyse écrite des résultats. (Quelles attitudes les réponses ont-elles révélées? Quels sont les pourcentages? Quelle est votre réaction devant ces résultats? Etes-vous d'accord ou avez-vous en effet une attitude minoritaire en ce qui concerne la lecture?)

3a Résumez par écrit l'histoire d'un roman ou d'une pièce de théâtre que vous connaissez et que vous aimez bien.

3b Racontez l'histoire à un(e) partenaire, sans consulter votre résumé, en pas plus de 5 minutes. Votre partenaire vous posera ensuite des questions sur les personnages et l'histoire.

ARTICLE DE PRESSE 5B: Nicole – brouillée avec les lettres

Peut-on se débrouiller dans la vie de tous les jours sans savoir lire? Apparemment oui, mais à condition de s'organiser pour éviter les situations fâcheuses. L'article du *Nouvel Observateur* nous brosse le portrait fascinant d'une femme de quarante ans qui est restée analphabète. D'un côté, elle se trouve marginalisée mais, de l'autre côté, elle n'est pas bête et a appris à s'arranger.

▌▌ Vous avez bien compris?

Avant de travailler sur l'article …

Sujet de débat: dans la vie moderne, quels sont les problèmes pour quelqu'un qui ne sait pas lire?

Après avoir lu l'article …

1 Répondez aux questions suivantes:
   a Qu'est-ce qu'on apprend sur Nicole en lisant les titres de l'article?
   b Qu'est-ce qu'il faut faire pour lui indiquer le chemin?
   c Où est-ce qu'elle habite?
   d Qu'est-ce qu'elle fait pour répondre à son courrier?
   e A quel âge a-t-elle quitté l'école?
   f Que dit-on sur les progrès à l'école des deux filles de Nicole?

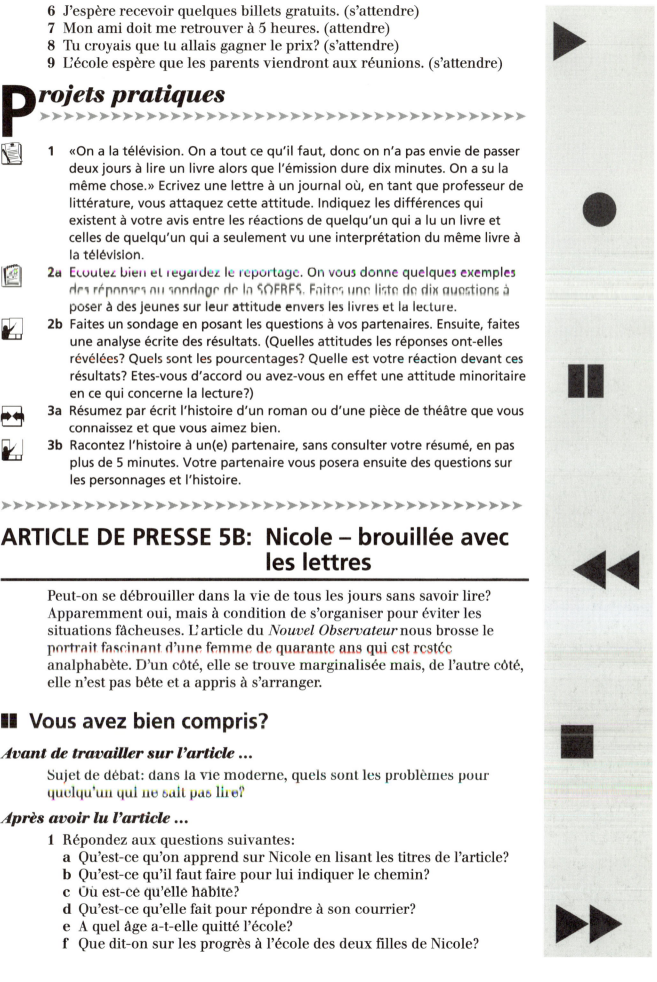

Nicole, brouillée avec les lettres

Quarante ans, analphabète mais pas bête. Et très bien organisée

«Quand je vais en voiture quelque part, je m'arrête souvent pour demander mon chemin. Quand on me dit «deuxième-à-gauche-première-à-droite», je remercie et je m'arrête plus loin. Je trouve toujours quelqu'un qui, en parlant, fait des signes avec la main et qui me montre la direction. J'arrive alors à mon but.» Nicole, cette voyageuse sans boussole, ne veut pas être une déboussolée. Ne pas «savoir» sa gauche et sa droite ne l'a pas empêchée de *«passer son permis avec les immigrés»* ni d'aller au vert pendant l'été avec son Estafette et ses deux filles, loin de son HLM de Fontenay-aux-Roses, de ses années sans boulot et de sa mère invalide. *«Je suis analphabète*, dit-elle, *mais pas bête.»* Brouillée depuis toujours avec les lettres, elle a appris à se débrouiller sans elles. A 40 ans, elle s'est *«tellement bien organisée comme ça»* … Le courrier dans la boîte, c'est la voisine du rez-de-chaussée, celle *«qui a une bonne base»*, qui le lui lit et qui lui rédige ensuite ses réponses. Elle n'a plus *«qu'à signer en bas»*. Un trajet nouveau à faire en métro? Elle demande. Une recette de cuisine ou une notice d'appareil ménager? Elle se les fait lire. Les chèques à remplir dans les magasins? Elle préfère *«les supermarchés où il y a des machines pour ça»*. A la maison elle s'est payé un téléphone à mémoire sur lequel un copain lui a préenregistré les dix numéros fétiches des amis qui dépannent. Il n'y a pas que des illettrés honteux. Nicole, bon spécimen de môme parisienne forte en gueule, durement ballottée d'une banlieue à une autre, n'en finit pas de clamer sa vieille brouille avec l'écrit et de s'inventer des trucs pour continuer à l'ignorer. De son passage *«vite fait»* à l'école, elle ne se souvient de presque rien et en tout cas pas de son livre de lecture ou de son premier cahier. Elle *«faisait le zouave»*; elle connut très vite les classes de perfectionnement et les journées de pénitence dans le bureau du directeur. Le jour de février où elle eut 14 ans, elle fut mise à la porte. Depuis, elle est *«comme le mulet»*. *«Si l'ANPE m'appelle et veut me lancer dans un stage, dit-elle, je leur dirai non. Je ne le ressentirais pas bien. Ce serait comme si j'étais une bonne à rien. Dans ma tête, je ne suis pas une bonne à rien.»* Apprendre à lire et à écrire? Ses filles le lui ont demandé mais *«elle ne sait même pas où elle pourrait apprendre»*. Et *«la vie s'arrête pas là»*. A moins qu'un jour *«quelqu'un la branche»* …

Le meilleur moment de sa vie? Loin derrière elle. Sept ans de vadrouille avec un tsigane de mari avec qui *«elle faisait des fleurs»*. *«C'est peut-être la vie du voyage qui m'a appris à pas rester bête.»* Ce qu'elle aime? *«Bouger, voir du monde. Et apprendre à parler. J'apprends de nouveaux mots. Je suis fière quand je les case dans une phrase. Je m'enrichis comme ça.»* Ses projets? Elever sa couvée, ses deux filles. Elle a tellement *«envie qu'elles apprennent»*, Gina et Virginie, 13 et 11 ans. Mais à l'une *«l'école ne plaît pas, elle a déjà redoublé deux classes»*, l'autre est *«nulle en orthographe»*. Nicole a refusé une classe de perfectionnement pour l'aînée. *«Regardez-moi et voyez ce que ça a donné»*, a-t-elle dit le jour où elle a été convoquée à l'Inspection académique. Pourtant, elle n'a jamais pensé – par peur d'être reniée? – demander à ses petites de remplir un papier ou de déchiffrer une lettre reçue au courrier. *«Elles feraient trop de fautes et quand elles sortent de l'école, ce sont des courants d'air.»* Sa conclusion: *«Leur père avait un BTS et il savait son français sur le bout des doigts. Mais il y a longtemps qu'il est loin. Mon père à moi savait tout juste écrire son nom. Elles ont tout pris de mon côté. C'est héréditaire. Je connais même un nouveau mot: c'est génétique.»*

Anne Fohr
Le Nouvel Observateur

2 Complétez les phrases suivantes:
  a Nicole est intelligente même si elle …
  b Pour Nicole, l'avantage des supermarchés est …
  c Quand elle veut comprendre une notice d'appareil ménager …
  d Ses filles lui ont demandé …
  e Elle n'a jamais demandé à ses enfants …

3 Cherchez dans l'article des expressions qui ont le même sens que les suivantes:
  a les numéros des amis qui l'aident
  b quelqu'un qui ne sait pas se débrouiller
  c Je suis très contente de moi-même quand j'utilise des mots nouveaux.
  d Son mari était très fort en français.

Projets pratiques

1 Cet article a été écrit par un reporter. Essayez de reconstruire l'interview avec Nicole en retrouvant les questions et en cherchant les réponses de Nicole dans le texte. Par exemple:

R: Vous m'avez dit que vous ne savez même pas votre gauche de votre droite. Cela vous cause-t-il des problèmes quand vous demandez des directions à quelqu'un?

N: ……

R: Comment avez-vous pu passer votre permis de conduire?

N: ……

 2 Avec un(e) partenaire, faites le bilan des difficultés que les analphabètes rencontrent quand ils veulent accomplir des tâches quotidiennes, comme par exemple:

- faire les courses
- régler les factures
- lire et répondre à des lettres
- cuisiner
- conduire la voiture dans une ville inconnue.

(Ajoutez trois idées à cette liste si vous voulez.)

Discutez avec votre partenaire des stratégies qu'il faudrait adopter pour surmonter les difficultés dans chaque cas.

«Et pour finir …»

«L'école doit à tout prix nous apprendre à lire et à écrire, mais le goût pour la lecture, ça n'a rien à voir avec les cours qu'on a suivis.» Voici l'avis de Sandrine (lycéenne de Caen, dix-sept ans), au cours d'une interview télévisée. Vous avez le droit de lui répondre. Préparez votre script (qui doit durer entre deux et trois minutes).

6 Le monde du travail

A la veille de la Seconde Guerre mondiale, les heures de travail bien définies et les congés payés représentaient un acquis précieux pour les travailleurs français. De nos jours, pourtant, certains groupes d'employés semblent prêts à renoncer aux droits pour lesquels leurs grands-parents se sont battus.

Dans les deux reportages de ce chapitre, il sera question de ceux qui travaillent le samedi ou le dimanche. Nous entendrons d'abord les raisons qui ont poussé des employés à travailler le dimanche – sans rien gagner!

EXTRAIT TELEVISE 6A: Le travail dominical

❙❙ Vous avez bien compris?

Avant de regarder la vidéo ...

Choisissez les définitions qui correspondent aux expressions suivantes:

a les salariés
b en toute illégalité
c ratifier
d le chiffre d'affaires
e en bénévolat

i le montant de toutes les ventes de l'entreprise
ii sans être payé
iii confirmer ou approuver
iv illégalement
v les gens qui travaillent pour une entreprise

Après avoir regardé la vidéo ...

1 Dans le contexte du reportage, les phrases suivantes sont-elles vraies ou fausses?

  a L'entreprise serait obligée de fermer complètement si elle ne pouvait pas ouvrir le dimanche.

  b Les employés sont obligés de travailler le dimanche.

  c Le magasin ouvre le dimanche depuis des années.

  d Les autorités préfèrent fermer les yeux sur cette contravention de la loi.

  e L'ouverture du dimanche rapporte un pourcentage élevé des revenus de l'entreprise.

  f Les clients soutiennent l'ouverture du magasin le dimanche.

  g Le magasin a neuf employés.

2 Complétez les blancs dans le texte avec les mots exacts du reportage:
Tous les .... sont bons pour .... le travail du dimanche. Soldoga, une solderie située à quelques kilomètres de Royan, ouvre .... presque dix ans le jour du Seigneur, en toute illégalité. Depuis le .... de l'année, la .... de Charente-Maritime a décidé de faire .... appliquer la loi en .... ses gendarmes.

▌▌ Un peu de grammaire

«Lundi» ou «le lundi»?

Le sujet du travail dominical nous amène à parler de ce qui se passe le dimanche, c'est-à-dire chaque dimanche:

– Tous les magasins ferment *le dimanche*.

Il en est de même pour les autres jours de la semaine. On dit **le lundi, le mardi**, etc. pour ce qui se passe chaque lundi, chaque mardi, etc.:

– Ce restaurant est ouvert *le samedi* mais il ferme *le lundi*.

Mais si vous voulez parler de ce qui se passe tel ou tel lundi, tel ou tel mardi, vous n'emploierez pas l'article. Vous direz simplement **lundi, mardi**:

– *Mardi prochain*, j'irai à Montpellier.
– Vous avez été malade *vendredi*?

Entraînez-vous!

Voici les agendas de Jean-Luc et de Marie-Dominique, qui veulent se revoir. Etudiez leurs agendas pour compléter la conversation qui suit:

1 Toutes les semaines

	Marie-Dominique	Jean-Luc
Lundi	12 h rendez-vous avec la kiné	18 h cours de tennis
Mardi	20 h cours de danse	
Mercredi		14 h natation
Jeudi		
Vendredi	12 h natation avec Pauline	
Samedi	9–12 h garder Sophie	
Dimanche		14 h match de foot

2 La semaine prochaine

Marie-Dominique		Jean-Luc
L. 22 mars		
M. 23 mars		16 h dentiste
M. 24 mars	18 h réunion de travail	
J. 25 mars		
Vendredi saint (férié)		
S. 27 mars	visite chez les grands-parents	
Dimanche de Pâques	" " " " "	

J.-L. Allô, Marie-Dominique? Bonjour, ici Jean-Luc. Tu te rappelles? On s'est vus chez Christine hier.

M.-D. Ah, bonjour, Jean-Luc. Ça va?

J.-L. Très bien. Euh, je voulais te demander si tu as toujours envie d'aller au ciné pour voir le nouveau Rohmer?

M.-D. Ça serait sympa!

J.-L. Alors, la semaine prochaine? Le 23 t'arrange, le soir?

M.-D. Le 23, attends, ...
Mais je suis libre ....

J.-L. Ah, là je peux pas, j'ai un cours de tennis à 18 heures. Alors, voyons, ... j'ai un rendez-vous chez le dentiste à 16 heures, mais après si tu veux.

M.-D. Ah non .... Mais c'est bête! Peut-être ....? C'est férié.

J.-L. Mais non, le film de Rohmer c'est jusqu'au 25 mars!

M.-D. C'est quel jour le 25?

J.-L. .... Alors qu'est-ce que tu fais d'habitude .... soir?

M.-D. Rien, et toi?

J.-L. Rien non plus. Alors, ... à 19 heures? Je peux venir te chercher chez toi, si tu veux.

M.-D. D'accord. A ....! Au revoir, Jean-Luc.

J.-L. Au revoir, à bientôt!

Projets pratiques

1 Entamez une discussion en groupe sur le problème du travail dominical. Chaque membre du groupe jouera un rôle précis; donc il y aura plusieurs prises de position différentes, par exemple:

un prêtre	qui défendra le Jour du Seigneur
une femme	qui préférera que les magasins soient fermés parce qu'elle veut au moins une journée de repos
un homme	qui travaille six jours sur sept et veut pouvoir aller dans les magasins le dimanche
un(e) salarié(e)	du supermarché qui ne veut pas être obligé(e) de travailler le dimanche
un(e) salarié(e)	qui veut travailler le dimanche pour gagner un peu plus
un maire	qui est obligé de faire appliquer la loi actuelle quelles que soient ses opinions personnelles

2 Rédigez un article en tant que reporter d'un journal local sur le sort de ces employé(e)s de Soldoga qui travaillent «à l'œil» (cela veut dire bénévolement, pour rien) pour défendre leurs emplois. Pour préparer votre article, cherchez dans le reportage télévisé, et notez, les détails de leur situation – nombre d'employé(e)s, chiffres d'affaires, possibilité de licenciements, situation financière de la compagnie, problèmes légaux.

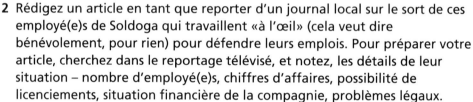

ARTICLE DE PRESSE 6A: Près d'un salarié sur deux travaille le samedi

Peut-on généraliser sur les conditions de travail dans un pays comme la France? L'INSEE a publié des chiffres qui nous permettent au moins de relever les grandes évolutions qui se sont produites depuis les années soixante. On note en particulier une plus grande flexibilité du travail, surtout à une époque où le chômage est répandu.

∎∎ Vous avez bien compris?

Avant de travailler sur l'article ...

Cherchez le sens des expressions suivantes dans un dictionnaire:

un cadre	un contrat à durée déterminée
un ouvrier	le travail à la chaîne
l'embauche	le tertiaire

Notez: INSEE Institut national de la statistique et des études économiques

Après avoir lu l'article ...

1 Notez les détails suivants:
  a Le pourcentage d'employés de 70 à 74 ans
    i)en 1962
    ii)en 1990.
  b le pourcentage des salariés qui travaillent
    i)le dimanche
    ii)le samedi.
  c Quelles sont les deux tendances qu'illustrent ces statistiques?

Près d'un salarié sur deux travaille le samedi

Sait-on qu'en 1962 un quart des hommes de 70 à 74 ans travaillaient encore, contre 2,5% en 1990? Le chômage est passé par là. De même, sait-on que 21% des salariés travaillent le dimanche, au moins occasionnellement, et 47% le samedi – en particulier les femmes, nombreuses dans les secteurs du commerce et de la santé? La flexibilité du travail est passée par ici.

Deux grandes tendances qui caractérisent les années 80 et le retournement conjoncturel qui a suivi l'embellie des années 1987 à 1990.

L'INSEE note ainsi que face au chômage, si les disparités liées à l'âge se sont réduites, l'écart s'est creusé entre le taux de chômage des ouvriers et celui des cadres: cet écart, qui était de 4,5 points début 1980, passe à 11 début 1985 et est encore aujourd'hui de 9,5 points.

Le portrait type du chômeur en 1992 est *«une jeune femme française sans diplôme, venant de perdre un emploi précaire d'employée administrative d'entreprise».*

Contrats à durée déterminée

De façon plus précise, 56% des chômeurs sont des femmes, et si on regarde par catégories socioprofessionnelles, chez les hommes ayant déjà travaillé, *«62% du chômage est ouvrier, dont plus de la moitié non qualifié»*; à l'inverse, chez les femmes, *«60% des chômeuses sont des employées».*

Depuis 1974, la main-d'œuvre non qualifiée, ouvrière ou employée, enregistre l'augmentation du chômage la plus forte.

Autre fait que souligne l'INSEE: depuis la fin des années

80, l'assouplissement des règles régissant le droit du travail a accru la mobilité des salariés, mais cela n'a pas permis de diminuer le chômage. Au contraire: le chômage de longue durée a augmenté. En fait, explique l'INSEE, les opportunités d'emploi bénéficient surtout à ceux qui viennent de quitter l'entreprise.

En outre, comme les embauches s'effectuent surtout sur des contrats à durée déterminée, les salariés à la recherche d'un avenir stable attendent une meilleure opportunité, ce qui contribue à allonger la durée de chômage.

Parallèlement à cette morosité du marché de l'emploi, la pression qu'exerce la concurrence sur les entreprises se ressent dans les conditions de travail: entre 1984 et 1991, la proportion d'ouvriers se déclarant soumis à des contraintes de production ou à des délais est passée de 31% à 56% – un ouvrier de l'industrie sur deux déclare même que, pendant son travail, il lui est impossible d'entendre une personne parler!

Deux ouvriers sur cinq dans le tertiaire

Une situation, relève l'INSEE, qui posera de plus en plus de problèmes avec le vieillissement de la population active, car on supporte moins bien ces contraintes après 45 ans.

Autre fait à noter: contrairement à une idée répandue, il y avait en 1991 autant d'ouvriers à la chaîne que sept ans plus tôt (570 000), soit proportionnellement plus qu'en 1984 car la population ouvrière a diminué.

Quant à la percée des nouvelles technologies, elle reste limitée au bas de la hiérarchie: moins de 200 000 ouvriers (3%) utilisent un robot et 8% un ordinateur.

Enfin, si le travail posté, qui permet aux entreprises d'accroître la durée d'utilisation des machines, reste globalement stable (15% des ouvriers), il se développe chez les ouvriers qualifiés et régresse chez les autres.

On notera encore, à propos du monde ouvrier, que si entre 1982 et 1990 l'industrie a perdu près de 700 000 emplois ouvriers, le tertiaire en a gagné plus de 200 000: aujourd'hui, deux ouvriers sur cinq travaillent dans le tertiaire.

Ces transformations qualitatives et le fait que les ouvriers sont plus durement touchés que les autres catégories sociales par le chômage – et notamment le chômage de longue durée – expliquent que *«la classe ouvrière est en crise»* et s'interroge sur son identité.

Béatrice TAUPIN *Le Figaro*

2 Le chômeur «type» est

homme	...	femme	...
jeune	...	d'âge mûr	...
bien qualifié	...	sans qualifications	...

3 Les phrases suivantes sont-elles vraies ou fausses?

   a C'est parmi les ouvriers que le niveau de chômage a augmenté le plus rapidement.

   b Il y a moins de contrats à durée déterminée aujourd'hui.

   c La proportion de ceux qui travaillent à la chaîne a baissé.

   d Aujourd'hui 40% des ouvriers travaillent dans le tertiaire.

4 Complétez chaque phrase dans la liste A avec un complément choisi dans la liste B:

A	B
56% des chômeurs	que sept ans plus tôt.
La main-d'œuvre non qualifiée	a augmenté.
Le chômage de longue durée	sont des femmes.
Il y a autant d'ouvriers à la chaîne	enregistre l'augmentation du chômage la plus forte.

Projets pratiques

▷▷▷

1 Lisez attentivement l'article qui est rempli de chiffres et de statistiques. Pourtant il y a un «côté humain et social» dans tout ça. Il y a des phrases qui révèlent des aspects surprenants de la société actuelle:

• Beaucoup plus d'hommes de soixante-dix à soixante-quatorze ans travaillaient encore en 1962 que par rapport à 1990.

• Un ouvrier de l'industrie sur deux déclare même que, pendant son travail, il lui est impossible d'entendre une personne parler.

• Il y avait en 1991 autant d'ouvriers à la chaîne que sept ans plus tôt, soit proportionnellement plus qu'en 1984.

• La percée des nouvelles technologies … reste limitée au bas de la hiérarchie.

• Aujourd'hui, deux ouvriers sur cinq travaillent dans le tertiaire.

Ajoutez à cette liste des faits que vous vous jugez personnellement surprenants. Sur chacun de ces aspects, rédigez un paragraphe où vous indiquez pourquoi vous trouvez ces faits surprenants et commentez leur influence sur la société actuelle.

2 Racontez l'histoire d'une jeune Française sans diplôme qui vient de perdre sa situation d'employée administrative d'entreprise.

• Quelles en étaient les circonstances?

• Combien de temps a-t-elle travaillé pour l'entreprise?

• Pourquoi a-t-elle perdu son emploi?

• Quel sera l'effet sur sa famille?

• Espère-t-elle trouver facilement un autre emploi?

• Son mari, travaille-t-il? Où habitent-ils? Ont-ils des enfants?

▷▷▷

«Et pour finir …»

La Commission pour l'emploi des jeunes vous a chargé(e) de rédiger un rapport sur les expériences des jeunes qui acceptent des emplois intérimaires, par exemple pendant les vacances. Vous devrez interviewer des camarades de classe pour vous renseigner. Vous allez considérer: la nature du travail, les heures de travail, la durée du contrat, le salaire, la formation éventuelle.

EXTRAIT TELEVISE 6B: Eclairement dans les usines

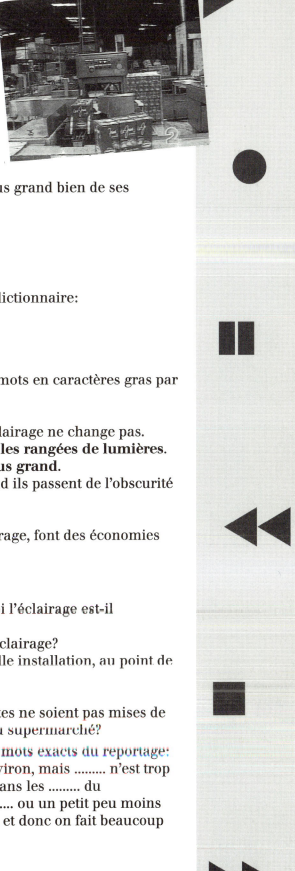

Quand on parle de la «médecine du travail», on pense à tout ce qui touche au bien-être des ouvriers, et notamment aux conditions de travail. Certains emplois sont plus dangereux que d'autres, mais beaucoup d'emplois répétitifs comportent un risque accru d'accidents, que les meilleures entreprises cherchent à réduire. Le reportage télévisé nous offre l'exemple d'une usine qui a repensé son système d'éclairage, pour le plus grand bien de ses ouvriers.

■■ Vous avez bien compris?

Avant de regarder la vidéo ...

Cherchez le sens des mots suivants dans un dictionnaire:

l'éclairement   décroître
l'éclairage   un cariste

Après avoir regardé la vidéo ...

1 Dans les phrases suivantes, remplacez les mots en caractères gras par des mots utilisés dans le reportage:
   a Ici on **prépare la vente** des jus de fruit.
   b Quelle que soit l'heure, **le niveau** de l'éclairage ne change pas.
   c Un ordinateur allume automatiquement **les rangées de lumières**.
   d Les mesures offrent un confort visuel **plus grand**.
   e Les employés ne sont pas **aveuglés** quand ils passent de l'obscurité à la lumière.
   f **Le coût** était de 500.000 francs environ.
   g Certaines entreprises, en matière d'éclairage, font des économies **insignifiantes**.

2 Répondez aux questions suivantes:
   a Où se trouve l'usine?
   b A part la sécurité des employés, pourquoi l'éclairage est-il important dans cette usine?
   c Quel est l'appareil qui met en marche l'éclairage?
   d Quels sont les trois résultats de la nouvelle installation, au point de vue des employés?
   e Que font les caristes?
   f Pourquoi est-il important que les étiquettes ne soient pas mises de travers sur les produits qui se vendent au supermarché?

3 Complétez les blancs dans le texte avec les mots exacts du reportage:
   L'investissement était de 500.000 francs environ, mais .... n'est trop cher lorsque l'on se .... contre ses .... dans les .... du supermarché. Une .... un petit peu de .... ou un petit peu moins .... qu'une autre va vous .... du produit et donc on fait beaucoup de .... d'aspects.

■■ Un peu de grammaire

Quel que soit, quelle que soit, etc.

L'usine veut que la lumière soit la même à toute heure, **quelle que soit** l'heure du jour, **quelle que soit** l'heure de la nuit. Voici un exemple de l'expression:

quel que
quelle que
quels que
quelles que.

Toutes ces formes sont suivies du subjonctif du verbe **être:**
quel que soit votre problème
quelles que soient les conditions.

Entraînez-vous!

Utilisez une de ces formes pour réécrire les expressions soulignées dans les phrases suivantes:

1 Cette pharmacie est ouverte <u>à toute heure</u>.

2 Les chats adorent notre recette «Pour Minou» <u>à n'importe quel moment</u>.

3 Essayez les «plats Mickey», <u>conçus pour tous les goûts de vos enfants</u>.

4 <u>Pour arriver à toute destination</u>, il faudra que vous traversiez Paris.

5 <u>Pour tous vos renseignements</u>, adressez-vous à notre service après-vente.

6 Portez les baskets «Eté Chaud» <u>pour n'importe quel événement</u>.

7 Cette fille réussira <u>malgré toutes ses difficultés</u>.

8 <u>Malgré toutes les inégalités entre ouvriers et cadres</u>, le sondage montre que les voies de communication se sont améliorées.

Projets pratiques

1 Les conditions de travail sont un élément très important pour la santé des salarié(e)s. En assurant la bonne santé des employé(e)s, une entreprise améliore la productivité. Choisissez trois emplois dans la liste qui suit. Dressez une liste de trois facteurs minimum pour chaque poste qui pourraient améliorer les conditions des employé(e)s:
   • ouvrier/ouvrière dans une usine
   • infirmier/infirmière dans un hôpital
   • professeur des écoles
   • charpentier, agriculteur/agricultrice, serveur/serveuse
   • plombier, secrétaire de bureau, chef de cuisine
   • mécanicien(ne), directeur/directrice, employé(e) de magasin.

2 Prenez un seul exemple avec lequel vous êtes particulièrement familier et expliquez plus en détail comment on pourrait améliorer les conditions de travail de cet(te) employé(e). Rédigez par écrit votre rapport qui sera destiné au PDG de votre société.

ARTICLE DE PRESSE 6B: La soupape du «noir»

A côté du marché du travail officiel, il existe toujours un marché noir, celui des personnes qui – pour une raison ou une autre – choisissent de ne pas déclarer leurs activités. Dans l'article de *L'Express*, il est question surtout des chômeurs qui travaillent au noir pour survivre – mais au risque de se laisser exploiter par des patrons sans scrupules. L'article nous réserve cependant quelques surprises: parmi les travailleurs au noir, on compte plusieurs ex-PDG …

▍▍ Vous avez bien compris?

Avant de travailler sur l'article …

Cherchez les mots suivants dans un dictionnaire:

un licenciement   la caution
un huissier   allécher
débroussailler   un escroc
la mouise   débusquer

Notez: PDG   Président-directeur général
         RMI   Revenu minimum d'insertion
         l'URSSAF   Union de recouvrement des cotisations de Sécurité sociale et d'allocations familiales

Après avoir lu l'article …

1 Répondez aux questions suivantes:
   a Pourquoi l'entreprise de Christian a-t-elle fait faillite?
   b Qu'est-ce qu'il a fait pour gagner trois cents francs par jour?
   c Quel est son emploi à présent?
   d Quel est son salaire?
   e Qui l'a aidé à trouver un appartement?
   f Comment est l'appartement?

2 Décrivez l'expérience de Sandy.

3 Faites une liste des métiers cités dans l'article.

4 Traduisez le texte suivant en anglais puis, sans regarder l'original, retraduisez votre version en français:

   Beaucoup de femmes s'arrangent pour trouver quelques heures de ménages, préparer des repas de fête ou confectionner des robes. Et les jeunes montent de véritables ateliers de réparation clandestins, pour les deux-roues et les voitures.

   Un travail au noir, c'est souvent une idée lancée au bon moment. La liste est longue. Ces petits boulots, parce que ce sont des initiatives isolées (où l'offre rencontre souvent la demande) ne camouflent pas d'activité lucrative.

La soupape du «noir»

De nombreux chômeurs qui n'ont pas réussi à retrouver d'emploi «émigrent» vers le Midi. A Toulon, beaucoup ont recours aux petits boulots non déclarés, pêchés au hasard. Une façon de se débrouiller. Mais aussi un piège.

Un PDG «à la rue», obligé de recourir à de petits boulots «au noir» pour survivre. Ce n'est pas banal, mais ce n'est plus exceptionnel. Christian, 37 ans, dirigeait une société industrielle dans les Alpes-Maritimes, avec 11 salariés et un revenu de 25 000 F par mois. Il y a deux ans, une traite de 400 000 F revient impayée. Le client est parti sans laisser d'adresse, juste après avoir reçu la marchandise. La banque n'accorde aucun délai: cessation de paiements, licenciements, liquidation, et le cortège d'huissiers qui saisissent, tant dans l'entreprise qu'à son domicile. «Ils n'ont laissé qu'une table et trois chaises, sans oublier le plan d'épargne de mon fils de 14 ans!» Brutalement sans ressources, il est contraint de faire appel à la solidarité de ses voisins: pendant plusieurs semaines, il débroussaille, il peint ou il tapisse au noir, pour 300 F par jour. Après deux ans de «mouise», Christian vient de retrouver un emploi commercial (avec un fixe de 4 000 F par mois) à Toulon. Et, s'il a pu emménager dans un appartement du centre-ville (proche de l'insalubrité), c'est que le Secours catholique a payé la caution.

Qui oserait lui reprocher ses pauvres revenus non déclarés? Souvent, pour survivre, une partie des demandeurs d'emploi compensent leurs maigres allocations ou leur RMI par du travail au noir. C'est la «soupape» (de sécurité) qui permet au bassin d'emploi toulonnais de ne pas subir d'explosion sociale. A Hyères, La Seyne et Toulon, on compte plus de 36 000 demandeurs d'emploi (+7% en un an, soit un taux de chômage de 16%). Parmi eux, des nordistes venus chercher (en vain) du travail au soleil. Une migration concernant même des cadres, qui, après avoir été licenciés, s'installent dans leur résidence secondaire.

Les «jobs au black» sont partout. Notamment dans les cités populaires, comme à Sainte-Musse ou à La Poncette. Pour le ramonage, la plomberie ou l'électricité, on recourt à un voisin, très rarement à un artisan ou à une entreprise. Beaucoup de femmes s'arrangent pour trouver quelques heures de ménages, préparer des repas de fête ou confectionner des robes. Et les jeunes montent de véritables ateliers de réparation clandestins, pour les deux-roues et les voitures.

Un travail au noir, c'est souvent une idée lancée au bon moment. La liste est longue, et hétéroclite comme un inventaire à la Prévert. Ces petits boulots, parce que ce sont des initiatives isolées (où l'offre rencontre directement la demande), ne camouflent pas d'activité très lucrative. Dès qu'il y a un intermédiaire, on franchit la ligne rouge, derrière laquelle officient les employeurs cupides. Ainsi ce propriétaire d'un bar toulonnais. Quand Sandy, 20 ans, s'est présentée chez lui, alléchée par une annonce publiée dans un journal gratuit varois, elle ne se doutait pas de l'arnaque: six jours sur sept, de 17 heures à 1 heure du mat', pour 150 F la journée au noir! «J'ai besoin d'avoir une couverture sociale, mais je n'ose pas lui demander de me déclarer, de peur qu'il ne me jette. Tant que je n'ai rien trouvé de mieux, ça me permet de payer mon loyer.» La victime est consentante ... mais elle n'a pas le choix.

PROFITEURS ET ESCROCS

C'est sur ce versant de l'économie «grise» – surtout dans les hôtels-cafés-restaurants, les commerces de détail non alimentaires, les entreprises du bâtiment ou de gardiennage – que prospèrent nombre de profiteurs et d'escrocs. Ce sont eux que combattent les inspecteurs du travail et les agents de l'URSSAF. Car ils savent faire la différence entre activité clandestine et petits boulots chez des particuliers, surtout si les «employés» sont des chômeurs en difficulté.

Pas question de se livrer à des amalgames simplistes. Tous les travailleurs clandestins ne sont pas chômeurs: les agents de contrôle débusquent souvent des fonctionnaires cumulards, des salariés à temps partiel et des retraités. De même, tous les chômeurs ne font pas des petits boulots non déclarés: parce que les filières ne sont pas toujours accessibles et que la demande excède fréquemment l'offre. Et certains demandeurs d'emploi ne veulent absolument pas en entendre parler.

François Koch
L'Express

Projets pratiques

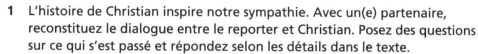

1 L'histoire de Christian inspire notre sympathie. Avec un(e) partenaire, reconstituez le dialogue entre le reporter et Christian. Posez des questions sur ce qui s'est passé et répondez selon les détails dans le texte.

2 «Le travail au noir permet aux pauvres de se débrouiller et évite une explosion sociale.» Selon vos propres idées et les idées exprimées dans le texte, expliquez pourquoi vous trouvez cette situation acceptable, inévitable, ou même positive dans une société moderne avancée. Votre opinion devra prendre la forme d'une lettre destinée à l'éditeur d'un journal français.

3a Derrière la situation où se trouve Sandy, il y a toute une «histoire». Imaginez une «Sandy» et, en forme de notes, essayez de reconstruire son «histoire». Faites le portrait de sa vie et trouvez des raisons pour expliquer comment elle se trouve obligée de travailler au noir.

3b Vous êtes Sandy et vous allez participer à une interview à la radio. Votre partenaire jouera le rôle du reporter qui vous posera des questions. Préparez des questions en collaboration avec votre partenaire. Faites ensemble «l'interview» et enregistrez-la si possible pour que vous puissiez en faire l'analyse après vos performances.

«Et pour finir …»

Dans un article de fond, un journaliste a affirmé que: «Les conditions de travail n'auront jamais la même importance que la productivité.» En tant qu'employeur, ou bien employé(e), vous rédigerez une lettre au rédacteur du journal pour exprimer votre point de vue.

7 Les médias

Les Français qui lisent régulièrement un quotidien se divisent entre ceux qui achètent la presse nationale et ceux qui préfèrent la presse régionale. Au niveau de la presse nationale, c'est souvent l'orientation politique qui distingue un quotidien d'un autre.
L'Humanité est l'organe du Parti communiste français, par exemple. Mais ce vieux journal célèbre est menacé: il doit à tout prix conquérir de nouveaux lecteurs.

EXTRAIT TELEVISE 7A: *L'Humanité*

▌▌ Vous avez bien compris?

Avant de regarder la vidéo ...

Choisissez dans la liste ci-dessous les définitions des expressions suivantes:

a   faillir
b   un dirigeant
c   de plein fouet
d   le recul

i   le mouvement en arrière
ii   être sur le point de faire quelque chose
iii   directement
iv   quelqu'un qui est chargé de la direction

Après avoir regardé la vidéo ...

1   Quelques chiffres ... En écoutant de nouveau le reportage, remplissez les blancs dans les phrases suivantes:

   a   Un donateur a offert au *New York Post* un chèque de .... dollars.
   b   *L'Humanité* a perdu environ .... lecteurs en .... ans.
   c   *L'Humanité* a eu .... millions de déficit en 1991.
   d   Le journal a perdu .... millions en ....
   e   *L'Humanité* doit gagner .... lecteurs de plus en trois mois.
   f   *L'Humanité* a été fondé en ....

2   Répondez aux questions suivantes:

   a   Quel est le plus vieux journal des Etats-Unis?
   b   Quelles sont les raisons principales qui expliquent la perte de lecteurs de *L'Humanité*?
   c   Quelles sont les caractéristiques de la nouvelle forme de *L'Humanité*?

▌▌ Un peu de grammaire

Prépositions et expressions temporelles

Le journaliste nous parle de l'histoire de *L'Humanité*, et de l'évolution que le journal doit subir. Voici quelques expressions pour parler du **temps**. D'abord, traduisez les exemples en anglais et notez bien l'équivalent français:

Le passé:
– *L'Humanité* a été fondé *il y a* 88 ans.
– Le journal a perdu environ 10.000 lecteurs *en* 10 ans.
– *Au dernier moment*, un donateur a apporté un chèque.

Le présent/le futur
– *L'Humanité* doit gagner 15.000 lecteurs de plus *en* 3 mois.
Ajoutons que sinon:
– Le journal disparaîtra *dans* 6 mois/*d'ici* quelques mois.

Entraînez-vous!

Remplissez les trous dans le texte en utilisant une des expressions suivantes: au dernier moment, d'ici, dans, en, il y a.

L'éclatement de la pratique des grands médias

.... quarante ans, peu de foyers possédaient un poste de télévision, tandis qu'aujourd'hui plus de 93% des ménages français en ont un et plus de 18% en ont deux! Mais .... dix ans les médias ont évolué rapidement. Par exemple, ... 1991 plus de 10% des foyers étaient abonnés à une chaîne cryptée. Et avant l'an 2000 on pourra s'attendre à une généralisation du câble. Des chaînes thématiques et spécialisées vont-elles grignoter l'audience des chaînes nationales .... quelques années? Nous avons vu qu'à chaque fois qu'une chaîne a été menacée un promoteur est arrivé .... pour la sauver, espérant faire fortune en proposant une nouvelle chaîne.

Quant à la radio, ... moins de dix ans, il y a eu une extraordinaire explosion de stations et de réseaux. .... vingt ans l'auditeur avait le choix entre trois ou quatre stations, mais la libéralisation de la bande FM a bouleversé les habitudes. Comment prévoir les nouvelles tendances? Qu'écouterez-vous .... cinquante ans, par exemple? Impossible de répondre avec certitude car, ... cinquante ans, qui aurait pu prévoir le baladeur, la chaîne hi-fi, le radio-réveil?

Projets pratiques
>>>

 1a Ecoutez et regardez attentivement le reportage et notez tous les éléments qui ont entraîné la baisse du tirage de *L'Humanité*. Vérifiez votre liste en vous référant à la transcription de la vidéo.

 1b Choisissez un journal (par exemple *Le Figaro, InfoMatin, Libération*). Examinez-le attentivement et faites une liste des améliorations que vous apporteriez au journal pour le rendre plus «lisible», intéressant, abordable ou attirant. Ecrivez une lettre à la rédaction pour lui exprimer vos idées. (Plus de photos, de sport, d'analyses, de bonnes nouvelles, de couleur; moins de scandales politiques, de mauvaises nouvelles, d'accidents et de meurtres, de crimes banals, etc.)

2   Préparez un court exposé (deux ou trois minutes) sous le titre suivant:
«La baisse de l'influence communiste dans le monde actuel».
(Est-ce vrai? Où en est la preuve? Et en France en particulier – quels facteurs ont encouragé cette tendance?)

>>>

ARTICLE DE PRESSE 7A: Ce petit dernier qui dérange

Dans un contexte économique où même les journaux bien connus ne sont plus sûrs de leur survie, y a-t-il une place pour les nouveaux venus? Apparemment oui. *InfoMatin* cherche à séduire cette majorité de Français qui ne lit aucun quotidien régulièrement. C'est, comme nous l'explique *Le Nouvel Observateur*, un journal conçu pour ceux qui n'ont pas le temps de lire les journaux classiques.

▮▮ Vous avez bien compris?

Avant de travailler sur l'article ...

Cherchez le sens des mots suivants dans un dictionnaire:

bouleverser   guetter
un pari   une éprouvette
un remue-ménage   une agglomération

Notez: le format demi-berlinois = 24 cm x 31 cm

Après avoir lu l'article ...

1   Relevez les détails suivants sur quelques personnages du monde des journaux:

	fonction	journal
Laurent Gandillot		
Philippe Villin		
Jean-Louis Péninou		
Marc Jézégabel		

2   Qui sont les «quatre fous» mentionnés dans les titres et pourquoi pourraient-ils mériter cette appellation?

3   Quel est le public visé par le nouveau quotidien?

4   Cherchez dans l'article des phrases qui ont le même sens que les suivantes:
   a Le directeur de *France-Soir* a organisé une équipe pour observer qui achète le nouveau journal.
   b Les directeurs d'*InfoMatin* sont très contents.
   c *InfoMatin* paraît cinq jours par semaine.
   d Puisque le nouveau journal ne pèse pas lourd, on peut l'expédier par avion.
   e Il y a très peu de publicité.
   f Le journal est imprimé dans un seul endroit: la production est donc très rapide.
   g Les articles sont assez courts.

CE PETIT DERNIER QUI DERANGE

A priori il faut être fou pour lancer un quotidien aujourd'hui. Pourtant les «quatre fous» d'«InfoMatin» sont peut-être en passe de réussir leur pari

«InfoMatin» va-t-il bouleverser le paysage de la presse quotidienne nationale? Difficile encore de savoir si ce nouveau journal à 3 francs lancé en janvier 1994 a gagné son pari. Mais en tout cas il aura fait une irruption remarquée sur un marché en pleine déprime: 165 000 exemplaires vendus à Paris le premier jour, plus de 80 000 en fin de semaine de lancement (1). Et sa sortie a déjà provoqué un vrai remue-ménage chez ses désormais concurrents. Des exemples? Le groupe Amaury propulse la même semaine «Aujourd'hui», une édition nationale du «Parisien» vendue pour seulement 3,50 francs. *«C'est un projet qu'on voulait sortir dans le courant de l'année,* explique Laurent Gandillot, directeur du marketing et des ventes du «Parisien». *Mais c'est vrai que nous avons avancé sa sortie à cause d'"InfoMatin".»* Au «Figaro», c'est le vice-PDG du titre, Philippe Villin, qui suit personnellement les résultats du petit dernier. L'homme qui est aussi à la tête de «France-Soir» paie même des «guetteurs» à la sortie de certains kiosques pour cerner au plus près le profil du client d'«InfoMatin»! Quant à Jean-Louis Péninou, directeur général de «Libération», il n'hésite pas à qualifier l'arrivée de ce nouveau concurrent de *challenge réel pour "Libé"».* Motif? *«Une grande partie de leurs lecteurs sont des lecteurs occasionnels de notre journal, des gens que nous avons pour ambition de séduire.»*

Au quatrième étage d'un immeuble en verre fumé, perdu au beau milieu d'une zone industrielle d'Issy-sur-Seine, les quatre initiateurs d'«InfoMatin» (Alain Carlier, Patrick Dutheil, Philippe Robinet et Alain Schott) se frottent les mains. Qu'est-il sorti de leurs éprouvettes? Un petit journal de 24 pages au format demi-berlinois (comme le supplément radio-télévision du «Monde»), tout en couleur (comme «le Parisien»), avec beaucoup d'infographie (comme «Courrier international»), et qui donne l'essentiel de l'information (comme «France-

Info»). Il est vendu 3 francs (deux fois moins que «Libération» et «le Figaro») et calé sur la semaine de travail (pas de numéro le week-end). Son objectif? Séduire les 9 Français sur 10 qui ne lisent aucun quotidien. Cœur de la cible: *«Les urbains actifs pressés de 16 à 50 ans.»* Zones de diffusion: la grande Ile-de-France et les agglomérations de plus de 200 000 habitants. Point mort: 100 000 exemplaires. La légèreté du journal (60 grammes) permet l'acheminement par l'Aéropostale. La couleur autorise une qualité d'impression presque égale à celle de la presse magazine. Pourtant, affirment ses promoteurs, la pub est réduite: pas plus de trois pages par numéro. *«Comme ça, non seulement on ne pollue pas le journal,* explique Patrick Dutheil, *mais en plus l'annonceur bénéficie d'un score d'impact étonnant de 93%.»*

Il n'y a que trente journalistes-rédacteurs permanents. Et le journal, qui n'a qu'un seul site d'impression, est bouclé plus tôt que ses concurrents. N'empêche … «InfoMatin» affiche une véritable ambition éditoriale. L'idée: coller le plus possible à l'époque. Les gens n'ont pas le temps de lire les

journaux? *«"InfoMatin",* comme l'explique son rédacteur en chef, Marc Jézégabel, un ancien des «Echos», *offre un panorama complet de l'actualité en allant droit à l'essentiel.»* Résultat: les articles, hormis une grande enquête de deux pages au centre du journal, ne dépassent pas deux feuillets et demi. Et on prend le lecteur par la main: *«Avant qu'il entre dans le texte,* poursuit Marc Jézégabel, *on lui montre l'explication en utilisant des titres longs, des photos et de l'infographie.»* Les citoyens rejettent la politique? *«Nous n'avons pas une grille de lecture du monde préétablie. Ce qui ne veut pas dire que nous sommes complètement neutres. Mais notre ligne éditoriale est simplement fondée sur l'esprit d'indépendance et le sens critique.»* Ce coup d'essai se transformera-t-il en coup de maître? *«Il y a un moment où la pub et le marketing ne peuvent plus rien,* explique Patrick Dutheil. *Seul le journal peut séduire les lecteurs.»* Affaire à suivre …

JERÔME CORDELIER
Le Nouvel Observateur

(1) *Pour évaluer la diffusion nationale, il faut normalement multiplier les chiffres obtenus à Paris par un coefficient de 2,2.*

5 Les phrases suivantes sont-elles vraies ou fausses?
   a Plus de 176.000 exemplaires ont été vendus à la fin de la première semaine.
   b On a lancé *Aujourd'hui* plus tôt que prévu.
   c Le prix d'*InfoMatin* est de 3,50 francs.
   d *Le Figaro* coûte deux fois plus cher qu'*InfoMatin*.
   e La pub et le marketing sont les éléments les plus importants dans la réussite d'un journal.

Projets pratiques

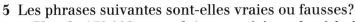

  1 Dressez une liste en français ou en anglais des caractéristiques d'*InfoMatin* qui ont créé cette formule apparemment si réussie. (N'oubliez pas les détails donnés dans le dernier paragraphe sur la façon de «prendre le lecteur par la main».)

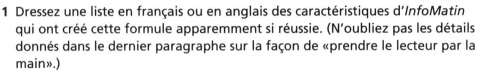 2 Traduisez en anglais le dernier paragraphe depuis «Il n'y a que trente journalistes-rédacteurs permanents ...» jusqu'à «... Affaire à suivre ...». (Attention: utilisez votre dictionnaire pour vérifier en particulier le sens des mots suivants: impression, boucler, afficher, coller, ancien, feuillets, infographie, pub.)

 3 Les «guetteurs» de *France-Soir*. Recréez les instructions que Philippe Villin donne à son équipe de guetteurs:
   • Qu'est-ce qu'ils doivent faire?
   • Où doivent-ils aller?
   • Comment doivent-ils se comporter (en observateurs clandestins ou publiquement, avec écritoire [*clipboard*] et questionnaire)?
   • Pourquoi font-ils cette enquête?

  4 Dressez le portrait du lecteur typique d'*InfoMatin* selon les observations recueillies par ces guetteurs. Puisez dans le texte autant que possible pour découvrir le profil du lecteur-cible visé par *InfoMatin*, mais ajoutez aussi des détails de votre imagination – décrivez physiquement le lecteur et la lectrice typique (vêtements, profession/métier supposé, état civil probable, niveau socio-économique, etc.).

 5 Sélectionnez, dans deux journaux français différents, deux articles concernant le même événement social (la délinquance, le gouvernement, etc.) Analysez les «lignes éditoriales» – croyez-vous qu'elles soient de tendance neutre, de gauche, de droite, du centre ou «simplement fondées sur l'esprit d'indépendance et le sens critique»? Donnez vos raisons et citez des preuves.

«Et pour finir ...»

Une agence de presse française vous a demandé de rédiger un rapport sur un journal britannique (national ou régional) que vous connaissez bien. Vous devrez indiquer: les lecteurs «typiques», l'orientation politique du journal, son format, ses points forts et ses faiblesses.

EXTRAIT TELEVISE 7B: Les prix de la télévision

Il est incontestable que, de tous les médias, c'est la télévision qui touche le plus grand nombre de personnes. Mais quand on dit «la télévision» – comme quand on dit «la presse» – on a tendance à oublier que chaque chaîne, ou chaque journal, a des caractéristiques et des centres d'intérêt fortement marqués. Dans notre reportage nous suivrons une discussion sur la distribution des prix de la télévision, ce qui nous donnera l'occasion de faire le point sur le service public et le service privé.

▉▉ Vous avez bien compris?

Avant de regarder la vidéo ...

Choisissez dans la liste ci-dessous les définitions qui correspondent aux expressions suivantes:

a en l'occurrence
b à terme
c faire jeu égal
d la concurrence
e la débrouille
f récolter
g un apanage
h s'effriter

i les compagnies en compétition
ii l'effort de surmonter les obstacles
iii dans la circonstance
iv avoir le même succès
v (ici) perdre de la popularité
vi une qualité propre à quelqu'un ou à quelque chose
vii recevoir en récompense
viii à la fin

Après avoir regardé la vidéo...

1 Répondez aux questions suivantes:
  a Le service public de télé a gagné combien de nominations?
  b Les plus grands succès ont été dans quel domaine?
  c Quel conseil Bernard Pivot a-t-il reçu de J.-M. Gaillard?
  d Expliquez cette phrase: «Vive le sport sur Antenne 2! Et ça marche, bien que le service public n'ait pas les gros moyens de la concurrence.»

2 Complétez chaque phrase dans la liste A en choisissant le complément dans la liste B.

A	B
Tout le monde disait	d'argent que les autres.
On a un petit peu moins	pas mal de Sept d'Or.
L'avenir appartient	à l'exigence, à la qualité.
Nos confrères nous ont attribué	que les Français avaient besoin de paillettes, de champagne, etc.

▉▉ Un peu de grammaire

Les comparaisons

Quand il s'agit de la distribution des prix, on fait des comparaisons entre les concurrents. Voici quelques expressions utilisées pendant le reportage sur les Prix de la Télé:

• Ces émissions sont *plus faciles*.
Le contraire: Ces émissions sont *moins faciles*.

- Ces émissions sont un peu *plus exigeantes.*
Le contraire: Ces émissions sont un peu *moins exigeantes.*

- Il y a eu *pas moins de* 68 nominations pour le service public.

N.B. On dit **plus de** ou **moins de + un chiffre** (plus de 50, moins de 25, etc.).

- On a peut-être *moins d'*argent **que** les autres.

N.B. On dit **plus que** ou **moins que + le nom** de ce qui est comparé (plus que mon frère, moins que notre entreprise).

- France 2 *fait* presque *jeu égal* avec TF1.
On peut dire également:
- France 2 a presque *autant de* spectateurs *que* TF1.

Entraînez-vous!

Voici quelques statistiques sur le comportement des Français à l'égard des médias entre 1973–1988. Vous les étudierez pour répondre aux questions, en utilisant les expressions comparatives que nous avons relevées dans le reportage de France 2.

Proportion de Français âgés de quinze ans et plus qui ...

lisent un quotidien	1973	1988
tous les jours ou presque	55%	43%
jamais ou presque jamais	23%	21%
écoutent la radio		
tous les jours ou presque	72%	66%
jamais ou presque jamais	12%	15%
durée moyenne d'écoute (heures/semaine)	17	18
regardent la télévision		
tous les jours ou presque	65%	73%
jamais ou presque jamais	6%	5%
durée moyenne (heures/semaine)	16	20

1 Comparez l'évolution de ceux qui regardent la télévision et l'évolution de ceux qui écoutent la radio régulièrement. Pour la durée moyenne par semaine, y a-t-il des différences sensibles?

2 Que peut-on noter pour la lecture de la presse entre 1973 et 1988?

3 Comparez les informations sur ceux qui ne consultent presque jamais les médias. Comment expliquer ces chiffres, à votre avis?

Projets pratiques

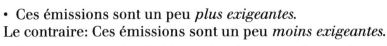

 1 Ecoutez et regardez le reportage. Prenez des notes pour expliquer:
- comment Antenne 2 réussit à compenser le manque d'argent dans le domaine des émissions sur le sport.
- l'attitude d'Antenne 2 envers les programmes dits culturels.

 2 Imaginez que vous êtes Jean-Michel Gaillard. On vous a décerné un Sept d'Or pour un reportage sportif. Rédigez votre petit discours d'acceptation en imitant «la formule consacrée».

ARTICLE DE PRESSE 7B: Le langage, victime de la télé

La télévision peut-elle influencer notre comportement? Il y a eu un débat animé sur les liens éventuels entre les films violents et la criminalité, par exemple. Mais, sur un autre plan, il est incontestable que ce média contribue à l'évolution – ou bien au massacre – de la langue. La campagne gouvernementale qui vise à préserver la langue française vient de renforcer cette impression d'une «crise» linguistique. L'article du *Figaro* fait le bilan des effets positifs et négatifs de la culture télévisuelle.

▮▮ Vous avez bien compris?

Avant de travailler sur l'article ...

Cherchez les mots suivants dans un dictionnaire:

Interpeller · le décalage
la galère · un feuilleton
reculé · un moule (regardez aussi une moule)

Après avoir lu l'article ...

1 Répondez aux questions suivantes:
   a Quels sont les deux mots-clés que l'on trouve dans les titres de l'article?
   b Quels changements linguistiques a-t-on observé en Bretagne depuis l'arrivée de la télévision?
   c Pourquoi le langage des présentateurs à la TV est-il «bizarre»?
   d Pourquoi les mots comme «super», «génial» et «cool» sont-ils dangereux?

2 Faites une liste des bienfaits du langage audiovisuel.

3 Décrivez la stratégie de Laurent Fabius.

4 Complétez chaque phrase dans la liste A avec un complément choisi dans la liste B:

A	B
La fermière parle	très simple.
Aujourd'hui la langue bretonne	l'écrit et l'oral se télescopent.
Dans le langage audiovisuel	est entrée au musée.
Les hommes politiques adoptent un vocabulaire	du «stress» de ses vaches.

Les grammairiens et les linguistes s'inquiètent de son appauvrissement

Le langage, victime de la télévision

La culture audiovisuelle standardisée a fait perdre son âme aux mots.

PAR CATHERINE DELSOL

Aujourd'hui, le boulanger de la Creuse se dit *«interpellé»* par l'augmentation des charges. La fermière de l'Yonne parle, elle, du *«stress»* de ses vaches et de la *«galère»* de sa fille pour trouver du travail. L'octogénaire d'un village breton raconte le premier *«hold-up»* commis dans une banque proche et soupire sur la coiffure *«punk»* de sa dernière petite-fille. C'est l'un des miracles de la civilisation audiovisuelle, où les mots nouveaux, les modes du langage, et même les emprunts à une langue étrangère, sont immédiatement relayés et pénètrent massivement dans les foyers, dans les appartements du boulevard Saint-Germain comme dans les HLM des banlieues chaudes ou au plus profond de nos provinces.

Grammairiens, linguistes, sociologues et sociolinguistes étudient le phénomène depuis quelques années avec intérêt. *«Dans mon enfance des années 50 en Bretagne, beaucoup de campagnards ne parlaient que le breton, écrit Gérard Le Febvre, dans Le Choc des télés. Aujourd'hui, au bout de trente-cinq ans de télévision, à raison de plus de deux heures de français par jour et par individu, la langue bretonne est entrée au musée. Certains tentent tout de même de la maintenir sous perfusion dans quelques universités, mais il aura suffi de quelques années de télévision pour parachever une œuvre de centralisme technocratique qu'il avait fallu des siècles pour construire.»*

Messages répétitifs

A sa façon, donc, la télévision a réussi à sortir les régions les plus reculées de France de leur isolement et contribué à réduire leur décalage d'avec le reste du pays. Chaque jour, les mêmes émissions sont regardées au même moment par des millions

de personnes. Images et messages, souvent répétitifs, sont distribués à un énorme public totalement passif, qui sera tenté ensuite de reprendre les mots et les expressions qu'il vient d'entendre. *«Par la voix des hommes politiques, des journalistes, des gens du spectacle, mais aussi par l'intermédiaire de la publicité, des tournures de phrases se propagent, des formes anciennes reprennent vie, des modes lexicales font leur apparition et se développent»*, souligne ainsi Henriette Walter, professeur de linguistique, auteur du *Français dans tous les sens.*

Là, cependant, s'arrêtent les bienfaits du langage audiovisuel. Car le revers de la médaille, c'est que pour être compris du plus grand nombre, les professionnels de la télévision parlent pour la plupart un français standardisé, stéréotypé, où l'on ne sait trop ce qui l'emporte de la pauvreté du vocabulaire ou du laisser-aller syntaxique. Une langue bizarre où l'écrit et l'oral se télescopent puisque, la plupart du temps, les textes des présentateurs sont rédigés mais cherchent à se rapprocher le plus possible de la conversation.

Complicité

«Super», *«génial»*, *«cool»*, ces mots à la mode qui pour les adolescents expriment la satisfaction, le plaisir ou l'admiration, sont repris chaque

jour sur les petits écrans. Sans doute était-ce au départ pour créer une meilleure complicité avec les jeunes, mais au fil des années ils se sont imposés partout en France. A l'heure des avions supersoniques et du TGV, ces mots sans âme et sans réelle signification ont un avantage: ils permettent de se faire comprendre tout en évitant de réfléchir pour trouver l'adjectif précis capable de traduire les nuances de la pensée. Le danger, c'est que l'on passe ainsi de l'uniformisation du langage à la pauvreté.

Même chose pour les anglicismes mal digérés ou employés systématiquement par paresse intellectuelle ou snobisme. Ancien commissaire général de la langue française, aujourd-hui conseiller de TF1, Philippe de Saint-Robert a ainsi dû se battre pour que les *«snipers»* bosniaques brutalement apparus au journal télévisé deviennent les *«francs-tireurs»* qu'ils auraient toujours dû être. L'autre danger d'appauvrissement de la langue provient de l'internationalisation des programmes: les jeux, les variétés, les feuilletons, les dessins animés doivent pouvoir être vendus dans le monde entier et regardés par tous les publics, y compris les plus illettrés.

Les premiers à avoir, sinon discerné le phénomène, du moins à l'avoir assimilé et utilisé à leur profit, sont les hommes politiques. Pour séduire le plus grand nombre d'électeurs potentiels, ils ont peu à peu simplifié leur discours. Laurent Fabius se vante par exemple de n'employer que deux cents mots quand il parle à la télévision. On en arrive donc à ce paradoxe que même ceux dont la formation et la culture laissent supposer qu'ils pourraient s'exprimer correctement, par démagogie ou prudence, se coulent dans le moule audiovisuel d'un vocabulaire réduit à sa plus simple expression.

Le Figaro

Projets pratiques

▶▶

 1 En vous référant aux faits communiqués dans cet article, faites le bilan positif de l'effet audiovisuel sur le langage et, à côté, le bilan négatif.
Ajoutez à chaque liste vos propres idées et impressions. Puis analysez les faits et rédigez un rapport qui explique vos conclusions personnelles sur la situation.

 2 Continuez la liste ci-dessous des «franglicismes» trouvés dans le texte avec d'autres que vous connaissez (par exemple, le parking, le five o'clock).
Traduisez les mots en vrai français en utilisant le dictionnaire.

stress   la tension nerveuse
hold-up   agression à main armée
punk
cool
le look
le fast (food)
etc.

 3 Ecrivez une lettre à la rédaction d'Antenne 2, dans laquelle vous regrettez l'utilisation d'anglicismes et du franglais dans un programme récent.
L'appauvrissement de la langue vous choque et vous attriste … Donnez des exemples que vous déplorez le plus. (Le self? Le management?)

 4 «Laurent Fabius se vante de n'employer que deux cents mots différents quand il parle à la télévision.» Est-ce que cela représente un appauvrissement de la langue, une réduction à la plus simple expression ou est-ce que, au contraire, cela représente un effort louable d'un homme politique de s'exprimer clairement et sans équivoque au grand public?
Préparez-vous en prenant des notes, puis discutez-en avec un(e) partenaire.

▶▶

«Et pour finir …»

L'Alliance française organise une table ronde sur «les jeunes et la télévision». Elle vous a invité(e) à y participer. Préparez votre intervention, en considérant: les émissions préférées des jeunes, l'importance de la télévision par rapport aux autres médias, les liens éventuels entre la télévision et le comportement et le langage des jeunes.

8 Les loisirs

Pour les Français, les vacances offrent la possibilité de se reposer, de se changer les idées, ou de poursuivre une activité préférée. La France bénéficie des attraits de la montagne aussi bien que de ceux de la mer. D'où la formule classique: vacances de neige en hiver; séjour au bord de la mer en été. Notre premier reportage est consacré aux stations de ski, qui se trouvent parmi les victimes du climat économique.

EXTRAIT TELEVISE 8A: Neige et ski

▌▌ Vous avez bien compris?

Avant de regarder la vidéo ...

Choisissez dans la liste ci-dessous les définitions qui correspondent aux mots suivants:

a	un augure	i une foule de gens
b	une pelle	ii un manque, un déficit
c	la pénurie	iii un outil pour creuser ou ramasser
d	bouder	iv qui arrive plus tôt que prévu
e	la cohue	v stimuler
f	maussade	vi un signe qui indique l'avenir
g	estival	vii relatif à l'été
h	précoce	viii triste, désagréable
i	doper	ix éviter

Après avoir regardé la vidéo ...

1 Choisissez l'option qui correspond le plus exactement au reportage:

a i) Avoir de la neige au mois de novembre est normal.
   ii) Cette année, la neige est arrivée plus tôt que d'habitude.

b i) Les Jeux olympiques auront lieu en Savoie.
   ii) Les Jeux olympiques auront lieu dans les Pyrénées.

c i) La saison est limitée aux mois de décembre et janvier.
   ii) Cette année, la saison durera jusqu'au mois de février.

d i) Les skieurs sont attirés par les Jeux olympiques.
   ii) Les clients ordinaires vont s'absenter pendant les Jeux.

e i) Les sports d'hiver sont devenus plus populaires depuis quatre ans.
   ii) Depuis quatre ans, les stations de ski souffrent d'un manque de neige.

2 Complétez les blancs dans le texte avec des mots choisis dans la liste ci-dessous (vous n'aurez pas besoin de tous les mots):

Ces débuts de polémique entre .... interviennent dans une conjoncture .... Le .... des sports d'hiver stagne depuis quatre ans. La neige .... est donc particulièrement bienvenue pour .... toutes les stations, olympiques ou non. Si aujourd'hui seuls les .... de neige de haute altitude sont ...., on s'attend à des ouvertures anticipées les .... à venir dans de nombreux massifs.

précoce   ouverts   faciles   maussade   champs   marché   doper
stations   semaines   week-ends

▌▌ Un peu de grammaire

Le passif

Voici quelques formes du **passif** qui ont été employées dans ce reportage:

– Les stations olympiques *sont boudées* par la clientèle.
– Cette crainte *est exploitée* par les sites concurrents.
– Toutes les structures *sont mises* en place.

Dans ces trois cas, il s'agit du **présent du passif**: le présent du verbe être + le participe passé (qui s'accorde avec le sujet).

Mais vous pouvez également utiliser le passif du futur, du passé composé, de l'imparfait, etc. Il faut toujours le bon temps du verbe être + le participe passé:

– L'hôtel *sera réservé* aux skieurs olympiques.
– La piste *a été fermée* pendant huit jours.
– Le ciel *était couvert* de nuages.

Entraînez-vous!

Voici une description d'une région côtière bien-aimée des touristes. Réécrivez chaque phrase **au passif**.

Biarritz et le Pays Basque

1 A Biarritz, certains propriétaires ont créé des centres de thalassothérapie.

2 La maison de Pierre Loti se situait près de la rivière.

3 Les habitants du Pays Basque disputent des tournois de pelote.

4 Les casinos dominent la Grande Plage de Biarritz.

5 Près d'Anglet, un immeuble de vacances en forme de navire surprend les touristes.

6 La corniche basque offrira les meilleures vues sur l'océan.

7 Hendaye-Plage se pare d'une végétation magnifique.

8 Dans le vieux port, on proposait des sorties «pêche en mer».

Projets pratiques

>>

1a Avec un(e) partenaire, créez un poster ou une brochure où vous soulignez les avantages de venir skier dans les Pyrénées pendant la période des Jeux olympiques d'hiver. Mentionnez les facteurs positifs:
- moins de monde
- donc moins de queues sur les pistes
  devant les télésièges
  dans les restaurants, etc.

1b Maintenant, en tant que bon(ne) Savoyard(e), faites le revers de la médaille – créez un poster ou une brochure pour attirer les touristes en Savoie pendant les jeux. Notez les facteurs positifs:
- organisation de pointe
- spectacle formidable à ne pas manquer
- places toujours disponibles dans les hôtels, restos, etc.
- beaucoup de neige.

2 Ecrivez ou téléphonez à deux ou trois bureaux de tourisme dans des stations de ski des Alpes et des Pyrénées pour demander des renseignements sur les prix des hôtels, des appartements/studios/chalets à louer, etc.

3 Faites une comparaison entre les brochures que vous avez reçues, faites votre choix et, devant un groupe, expliquez pourquoi vous avez décidé d'aller dans une certaine station. En utilisant le tableau noir (ou blanc) donnez des détails précis des avantages et des inconvénients de chaque forfait (*package deal*) – prix, équipements, proximité des pistes, etc.

4 Racontez à un groupe ce qui s'est passé pendant des vacances de neige que vous avez passées en Europe.

>>

ARTICLE DE PRESSE 8A: Dangers de l'été

Chaque année il y a des vacanciers dont le rêve tourne au cauchemar. Nous ne parlons pas ici des locations affreuses, ni des orages en plein mois d'août, mais des accidents qui peuvent gâcher vos moments de détente. Le magazine *La Une* a choisi de consacrer un dossier à ce sujet juste avant les grands départs. Mieux vaut prévenir que guérir. Alors, lisez les conseils des pharmaciens pour bien profiter de vos vacances!

▌▌ Vous avez bien compris?

Avant de travailler sur l'article …

Cherchez le sens des expressions suivantes dans votre dictionnaire:

estival
un estivant
la bonne chair
une guêpe
un frelon

un plaisancier
avarié
un méfait
gâcher

DANGERS DE L'ETE:
tous les conseils pour les éviter

Comment bien profiter de vos vacances? En respectant quelques règles d'or de prudence et de bon sens qui vous aideront à prévenir ou à guérir tous ces incidents que la nature inflige, à la mer, à la montagne ou à la campagne.

L'été est la plus belle période de l'année, et les vacances ne doivent pas être synonymes de danger. Les plaisirs estivaux, plage, soleil, baignade et bonne chair ne devraient jamais tourner à la catastrophe. Il suffit pour cela de respecter certaines règles, de connaître ses propres limites, d'être prudents pour ses enfants et de s'entourer des meilleurs conseils.

L'été comporte son lot de dangers qu'il faut savoir prévenir avant de devoir les guérir. Pour vous remonter le moral, sachez que sur les 30 millions de vacanciers français, la majorité rentrent sains et saufs!

Chaque été pourtant, selon les statistiques du Conseil de l'Ordre des Pharmaciens, 15 000 personnes sont secourues sur les bords de mer et 600 se noient. On dénombre quelques 1 500 morsures de serpent tandis que 3 millions de Français réagissent gravement aux piqûres d'insectes comme les guêpes et autres frelons. L'an passé, il y a eu 57 accidents de barbecue en France, les services de sécurité du littoral ont porté secours à 5 000 véliplanchistes et 2 500 plaisanciers et 35 tonnes de glaces avariées ont été retirées de la vente par les services d'hygiène.

Malgré les informations largement diffusées par les médecins et les pharmaciens concernant les abus du soleil ou les méfaits du sport sans entraînement, sur les risques de déshydratation et d'hydrocution, sur les maladies sexuellement transmissibles (MST) ou les piqûres de guêpes, les estivants commettent souvent de graves imprudences et voient leurs vacances tant attendues écourtées voire gâchées.

«90% des accidents de l'été pourraient être évités», déclarent les représentants de l'Ordre des Pharmaciens qui lancent en juillet une vaste campagne sur les «dangers de l'été». Des fiches conseils sont distribuées dans les officines et les pharmaciens s'engagent à informer le public sur les dangers spécifiques de leur région. Un passage chez le pharmacien du lieu de votre villégiature peut vous éviter quelques ennuis.

Le hit des pharmaciens

Le Conseil de l'Ordre des Pharmaciens a mené une enquête auprès de 400 officines afin d'identifier les problèmes les plus fréquemment constatés au cours de l'été. Dans 90% des cas, ces problèmes pourraient être facilement évités grâce à une bonne prévention.

Petits et gros «bobos», voici les 15 principaux dangers de l'été:
1: brûlures de la peau dues au soleil
2: piqûres d'insectes et allergies
3: insolation et coups de chaleur
4: intoxications alimentaires
5: agressions d'animaux (morsures, brûlures, piqûres)
6: noyade (les enfants sont les premières victimes des noyades en vacances)
7: déshydratation des enfants et des personnes âgées
8: accidents sportifs
9: accidents de la route
10: plaies mal désinfectées
11: maladies sexuellement transmissibles
12: chaud et froid
13: mycoses
14: accidents de jardin ou de bricolage
15: brûlures de barbecue.

Quelques conseils avant de partir en vacances

Si vous faites partie de la vague des vacanciers du mois d'août, vous avez encore le temps de vous répéter ces ultimes précautions avant le départ.

➥ Ne pas oublier vos médicaments si vous avez un traitement en cours (antibiotique, pilule contraceptive, anti-hypertenseurs etc ...).

➥ Faites renouveler votre ordonnance avant de partir.

➥ Passer chez le dentiste pour éviter une rage de dents intempestive.

➥ Pour les enfants en particulier et les animaux domestiques: munissez-vous de médicaments contre le mal du transport.

➥ Ayez votre carte de groupe sanguin et celles des membres de votre famille.

➥ N'essayez pas d'être la déesse des plages en maigrissant in extremis avant les vacances avec des médicaments «miracle».

➥ Pendant le voyage en voiture: buvez, arrêtez-vous toutes les 2 heures, ne laissez jamais vos enfants ou votre animal domestique dans la voiture, même à l'ombre (le soleil tourne!).

➥ Posez un pare-soleil contre la vitre de la voiture pour protéger votre bébé des rayons du soleil.

➥ Si vous transportez une bombe aérosol, assurez-vous qu'elle ne soit pas au soleil en raison des risques d'explosion.

La Une

Après avoir lu l'article …

1 Quels sont les dangers associés aux éléments suivants:
   a le soleil?
   b la baignade?
   c les barbecues?
   d les insectes/les animaux?
   e les longs trajets en voiture?
   f les bombes aérosols?

2 Complétez les phrases suivantes d'après le sens de l'article:
   a Pour passer de bonnes vacances, il faut …
   b Ce qui est rassurant, c'est que …
   c On pourrait éviter …
   d Avoir mal aux dents peut gâcher vos vacances: avant de partir …
   e Si vous voyagez en voiture, il faut …
   f Il vaut mieux prévenir que …

3 A votre avis, quelles précautions faut-il prendre pour protéger les enfants pendant les vacances?

Projets pratiques

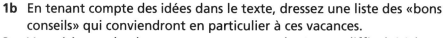

 1a Soyons positifs! Les vacances font plus de bien que de mal! Alors discutez avec un(e) ou plusieurs partenaires des vacances que vous allez passer ou que vous avez passées cet été.
   • Où allez-vous? (à la mer, à la montage, à la campagne)
   • Avec qui? (parents, ami(e)(s), seul(e))
   • Pour combien de temps?
   • Pourquoi avez-vous choisi cet endroit ou cette activité?
   • Préférez-vous les hôtels, les campings, les gîtes, les auberges de jeunesse? Pourquoi?

 1b En tenant compte des idées dans le texte, dressez une liste des «bons conseils» qui conviendront en particulier à ces vacances.

 2a Vous étiez sur la plage et vous avez vu quelqu'un en difficulté à la mer – un nageur? un véliplanchiste? un enfant? Comment avez-vous réagi? Racontez (à vos amis admiratifs) ce qui s'est passé et ce que vous avez fait.

2b Lisez «Le hit des pharmaciens» – avez-vous jamais souffert d'un de ces «bobos»? Si oui, racontez votre histoire.

«Et pour finir …»

Vous travaillez pendant l'été dans le Syndicat d'initiative d'une ville britannique. Vous recevez une lettre d'un groupe de lycéens français qui cherchent une formule de vacances pas chère. Ecrivez-leur avec vos propositions pour: le lieu de séjour, l'hébergement, les activités et les visites à faire.

EXTRAIT TELEVISE 8B: Un peintre moderne: Chauray

Si vous faites un sondage sur l'argent qu'on dépense pour les loisirs, bon nombre de personnes vous diront qu'ils aiment bien s'offrir un repas avec des amis. En fait, la nourriture n'est pas seulement un besoin primordial, les repas font partie aussi de notre vie sociale. Dans le domaine de l'art, bien des tableaux célèbres représentent un repas ou une fête; d'autres – des natures mortes – ne représentent que les mets eux-mêmes, et les amateurs d'art se font un plaisir de les contempler! Le reportage télévisé nous fait connaître un peintre français contemporain, spécialiste des natures mortes.

▌▌ Vous avez bien compris?

Avant de regarder la vidéo ...

Choisissez dans la liste ci-dessous les définitions qui correspondent aux expressions suivantes:

a redouter
b s'envoler
c croquer
d une toile
e se tailler la part du lion
f une esbroufe (faire de l'esbroufe)

i monter très haut
ii un tableau
iii se donner des airs
iv prendre la plus grand part
v craindre
vi manger

Après avoir regardé la vidéo ...

1 Répondez aux questions suivantes:
   a En vous rappelant que ce reportage fait partie du *Journal Télévisé* de 20 heures, expliquez le sens des premiers mots «Si vous êtes à l'heure du dessert ...».
   b Quelques-uns des tableaux de Chauray a été vendu pour combien de dollars?
   c Quel genre de peinture est moins favorisé aujourd'hui?
   d Chauray est comparé à quels peintres célèbres?
   e Dans quel pays va-t-on exposer Chauray bientôt?
   f Quelle est la ville française où il travaille le plus?

2 Complétez les blancs dans le texte avec les mots exacts du reportage:
   Dans son art, pas d'esbroufe, il travaille à .... ses compositions. «La lumière, je n'essaie pas de la faire venir de ...., je crois qu'elle se trouve dans la .... et j'essaie de la faire venir de l'objet ....» A gauche, les objets ...., à .... le tableau. Une technique .... Le classicisme tranquille de Chauray lui permet d'espérer, ... qu'il y aura des pommes, d'......... à tous les phénomènes de mode.

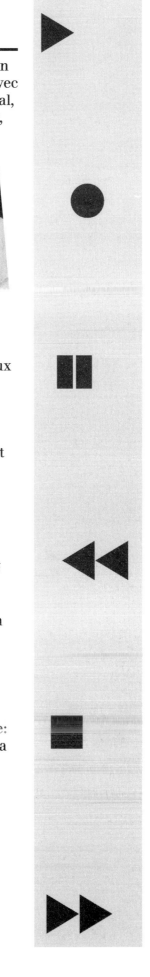

▮▮ Un peu de grammaire

Les prépositions – «à» ou «de»?

«à» ou «de»? Le choix est souvent difficile! Ecoutez encore une fois le reportage sur Chauray pour trouver la préposition utilisée dans chacune de ces phrases:

s'envoler – Ses toiles s'envolent .... 100.000 dollars.

s'empêcher – Chauray ne peut s'empêcher .... croquer une pomme.
(On dit également: Il empêche son voisin .... croquer une pomme.)

essayer – Je n'essaie pas .... faire venir la lumière.

permettre – Le classicisme de Chauray **lui** permet .... espérer.
(On dit aussi: Je me permets .... vous poser cette question.)

échapper – Il espère échapper .... tous les phénomènes de mode.
(Mais on dit: Il s'est échappé .... prison.)

Entraînez-vous!

Utilisez la bonne préposition pour compléter les phrases suivantes:

(1) Elle voudra échapper … ses obligations.

(2) Je ne pouvais m'empêcher … refaire l'exposition Matisse.

(3) Pour réussir il faut essayer … plaire aux critiques.

(4) Quand il a entendu l'explosion, il s'est échappé … bâtiment à toute vitesse.

(5) La galerie Cornaro permet … ces jeunes artistes … exposer leurs œuvres.

(6) Le mauvais temps nous a empêchés … partir.

(7) Certains chefs d'œuvre se sont envolés … plus de 500.000 dollars!

Projets pratiques

1 «Aimez-vous l'art moderne, l'abstraction, ou préférez-vous l'art classique?» Selon vos goûts, choisissez une photo d'un tableau que vous aimez beaucoup et présentez-le à vos ami(e)s. Vous allez leur dire d'abord l'origine du tableau:
   • l'artiste, la date, l'endroit, l'«histoire», en l'occurence, et puis vous allez analyser ce qui vous plaît dans le tableau:
   • les couleurs, la composition, ce qu'il représente, le style, l'atmosphère, peut-être les associations avec un événement dans votre vie.

2 Vous êtes journaliste et vous avez été invité(e) à un «vernissage» (*private viewing*) dans la galerie d'un artiste/sculpteur/potier/potière. Décrivez l'événement en parlant de vos impressions de vos coïnvité(e)s. Comment étaient-ils (vêtements, attitudes, opinions)?

3 Accrochez quelques tableaux modernes aux murs et invitez des ami(e)s à l'exposition. Jouez les rôles de critiques et parlez ensemble des tableaux et des artistes. Vous avez bien sûr le droit d'exagérer autant que vous voulez vos attitudes et vos opinions sur l'art moderne.

ARTICLE DE PRESSE 8B: Voici l'âge de votre repas

On dit souvent que la France est le pays du bon vin et de la bonne nourriture. Et cependant *Le Figaro* révèle qu'un repas standard n'est pas aussi frais que l'on aurait pensé. Grâce aux techniques de conservation, il paraît que ce que nous mangeons a pu être congelé ou mis en boîte quelques mois, voire quelques années auparavant! Et même si les experts nous assurent que ces procédés ne comportent aucun risque, ces révélations risquent de nous couper l'appétit …

▮▮ Vous avez bien compris?

Avant de travailler sur l'article …

Cherchez le sens des mots suivants:

étanche	une trouvaille
abattre	millésimé
le haut du pavé (voir: pavé)	avaler
dûment	allégé

Après avoir lu l'article …

1 Répondez aux questions suivantes:
   a Quel est l'âge global des éléments du repas dans l'image?
   b Qu'est-ce que le *Sunday Times* et l'*Independent on Sunday* ont annoncé à la grande surprise de leurs lecteurs?
   c Quelle a été la réaction de ceux-ci?
   d A quoi ressemble l'image dans *Le Figaro*, selon l'article?
   e A quelle condition peut-on conserver une viande plus de six ans?
   f Qu'est-ce qu'un additif CEE?
   g Qu'est-ce qu'un produit dit «appertisé»?
   h Pourquoi un produit conditionné en boîte peut-il avoir plus de vitamines qu'un produit dit «frais»?

2 Complétez chaque phrase dans la liste A en choisissant un complément dans la liste B.

A	B
Le Figaro propose l'image	du bœuf qui a plusieurs années.
Il peut nous arriver d'avaler	mieux à la chaleur qu'à la vieillesse.
Des haricots en boîte peuvent contenir	d'un repas.
Les vitamines résistent	plus de vitamines que des haricots «frais».

3 Traduisez en anglais le paragraphe qui commence par «Lorsque les Britanniques …». Ensuite retraduisez-le en français sans regarder l'original.

Alors qu'un sondage révèle que les Français mangent mal

Voici l'âge de votre repas

Le surgelé et la conserve ont envahi les assiettes. Inventaire.

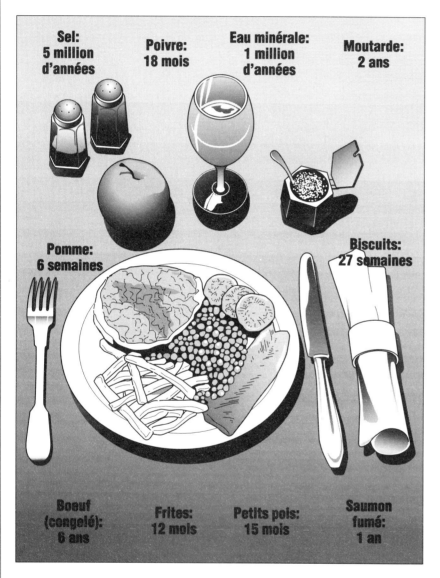

Sel:
5 million
d'années

Poivre:
18 mois

Eau minérale:
1 million
d'années

Moutarde:
2 ans

Pomme:
6 semaines

Biscuits:
27 semaines

Boeuf
(congelé):
6 ans

Frites:
12 mois

Petits pois:
15 mois

Saumon
fumé:
1 an

leurs douze mois, petits pois en boîte courant sur leurs quinze semaines, biscuits avalant leur vingt-septième semaine, pommes roulant sur leurs six semaines.

Moutarde de deux ans et poivre de dix-huit mois sont de la petite bière face à un sel dont l'âge réel est de ... cinq millions d'années et à une eau d'un million d'années.

En France, le Centre d'information des viandes en France explique que l'on peut garder une viande bien au-delà de six ans si elle a été congelée suivant les règles de l'art. *«Il est de toute façon très rare de garder des carcasses au-delà de deux ans, en raison des coûts élevés de conservation»*, indique Louis Orenga, directeur du CIV.

Curieusement, alors que les diététiciens vantent les bienfaits des produits frais, les spécialistes orientent leurs recherches vers la durée de conservation maximale à grands coups d'additifs CEE et de ruses chimiques. *«Pourtant, les produits courants ne restent pas plus d'une semaine dans les linéaires des grandes surfaces*, relève Gérard Pascal, directeur de recherches à l'Inra. *Nous luttons contre cette exigence des distributeurs, qui obligent à des prouesses technologiques, surtout dans les allégés.»* Toujours au rayon des contradictions, les promoteurs des produits appertisés (Nicolas Appert, 1749–1841, inventeur des conserves par stérilisation) assurent que mieux vaut une boîte de haricots verts conditionnés le jour de la cueillette, même vieille de trois ans, que des légumes dits frais mais ayant traîné sur un étal de marché trois ou quatre jours: les vitamines résistent mieux à la chaleur qui les fige dans leur état frais qu'à la vieillesse.

Nostalgie et classement barbare

La Semaine du goût, à la mi-octobre, s'annonce donc sous des auspices lugubres, coincée entre la nostalgie et les classements barbares.

Ces derniers sont l'œuvre d'une exploration minutieuse du Credoc, à partir de «sondés» qui ont dû remplir 65 pages et fournir des indications sur plus de 1 800 variables.

A l'arrivée, ces sondés se sont découverts *«célibataire campeur»*, *«rural domestique»*, *«urbain moderne»*, *«traditionnel isolé»*, voire *«bien installés»*. Pas de quoi en faire un fromage.

Quelques jours avant la Semaine du goût, mi-octobre, un sondage Ipsos vient de révéler que les Français mangent mal, tandis qu'une enquête du Credoc classe dans des tiroirs étanches nos habitudes culinaires, du *«bien installé»* au *«rural domestique»*. Ce n'est rien à côté des angoisses très *Jurassic Park* de nos voisins insulaires.

───────────────────
VÉZIANE DE VÉZINS
───────────────────

Lorsque les Britanniques ont appris par leur hebdomadaire préféré que de la viande abattue six ans auparavant avait été mise en vente chez des bouchers censés tenir le haut du pavé, leur

indignation a été telle que le *Sunday Times* et l'*Independent on Sunday*, submergés de lettres de protestation, ont dû s'expliquer la semaine suivante.

Le Figaro enfonce le clou en proposant l'image d'un repas standard dûment daté, à la façon des archéologues étiquetant leurs trouvailles dans la vitrine d'un musée.

Inimaginable

Même si le carbone 14 a été inutile, il est clair que non seulement il peut nous arriver d'avaler du bœuf millésimé, mais aussi d'absorber sans le savoir une quantité de vieilleries inimaginable: frites surgelées, saumon fumé et cheddar têtant

V.V.
Le Figaro

Projets pratiques

>>

1 Lisez bien le texte puis menez votre propre enquête sur trois repas typiques chez vous – le petit déjeuner, le déjeuner et le dîner du soir. Faites une liste des produits et des dates comme dans l'exemple qui suit (complétez les blancs).

Le petit déjeuner du 5 juin

produits	date de l'achat du produit	«à consommer avant»	date limite «une fois ouvert»
lait	le 3 juin	le 6 juin	2 jours
thé			
café			
jus de fruit	le 10 mai	6 mois	5 jours
céréale	le 21 mai	18 mois	
sucre			
pain			
confiture			
fruit			
yaourt	le 2 juin	1 mois	3 jours

Faites l'analyse de votre repas. Est-ce que c'était frais, hors date ou franchement vieux? Continuez avec les autres repas.

2a *Le Guide Michelin*/Egon Ronay et d'autres organisations décernent des étoiles ou d'autres emblèmes aux bons restaurants. Avec un(e) partenaire, dressez une liste des critères que vous adopteriez si vous étiez inspecteur de restaurant. Par exemple:
- qualité du décor
- qualité du service
- propreté de la nappe
- l'ambiance.

2b Pensez à un restaurant, un bistro ou un Macdo où vous êtes allé(e) récemment (même pour prendre seulement un café ou un burger) et décernez-lui des points sur dix pour chaque critère.
Analysez les résultats. Votre resto mérite-t-il des étoiles?

>>

«Et pour finir ...»

Un magazine français prépare un numéro sur «les nouvelles habitudes culinaires». Il vous a demandé de faire le point sur les tendances dans votre pays. Vous pourriez considérer: les repas «classiques», le fast-food, les régimes et les magasins diététiques.

9 La société

A une époque où le chômage menace toutes les tranches d'âge de la population, mais surtout les jeunes, le choix d'un métier n'est pas facile. Les services d'orientation sont là pour aider les lycéens, et les professionnels cherchent également à leur faire découvrir les bonnes pistes. Un exemple que nous propose notre premier reportage télévisé: le Salon de l'aventure des métiers.

EXTRAIT TELEVISE 9A: Métiers et jeunes

■■ Vous avez bien compris?

Avant de regarder la vidéo ...

Choisissez dans la liste ci-dessous les définitions qui correspondent aux mots suivants:

a l'avenir
b une voie
c une piste
d un carrefour
e une filière
f costaud

i un ensemble de sujets étudiés à l'école, à l'université
ii un chemin (presque synonyme avec **iii**)
iii un tracé (presque synonyme avec **ii**)
iv l'endroit où deux routes se croisent
v solide, durable
vi le futur

Après avoir regardé la vidéo ...

1 Répondez aux questions suivantes:
  a Quel est le problème pour les jeunes qui quittent l'école aujourd'hui?
  b Combien de métiers sont représentés dans cette exposition?
  c Quel est l'avis d'un jeune visiteur sur la gamme des métiers qui y figurent?
  d Depuis combien de temps cette exposition existe-t-elle?
  e Quelle est la question le plus souvent posée à un exposant?
  f Qu'est-ce qu'on offre aux visiteurs en quittant l'expo?

2 Dans le reportage, on parle des qualités qu'il faut chercher en choisissant un emploi. Dans la liste suivante, cochez celles qui sont mentionnées:
  le travail plaît
  on est bien payé
  les heures de travail sont bonnes
  on a la sécurité de l'emploi
  on n'est pas obligé de travailler le week-end

▌▌ Un peu de grammaire

Infinitif ou participe?

Dans ce reportage nous pouvons constater l'emploi de l'**infinitif** dans plusieurs tournures courantes. Traduisez les exemples en anglais:

1 Infinitif … c'est/c'était
– *Aller* à l'école, *c'est* bien.
– *Trouver* un métier, *c'est* mieux.

2 Préposition + infinitif (au présent)
– Un conseil *avant d'entrer* dans le salon.
– C'est *pour gagner* un peu d'argent.

3 Après + infinitif au passé
– *Après avoir visité* l'exposition, on peut s'inscrire.
– *Après être allé* à l'exposition, on peut s'inscrire.

Mais attention! Il y a une préposition qui est suivie du **participe présent**:

4 En + participe présent
– Le Salon permet aux jeunes de se renseigner *en posant* leurs questions à des professionnels.

Entraînez-vous!

Réécrivez les phrases suivantes en utilisant les formes indiquées entre parenthèses:

1 Un poste de stagiaire vous permet de gagner de l'argent et d'approfondir vos connaissances en même temps. (**en**)

2 D'abord je me suis inscrit à l'ANPE, puis j'ai reçu une offre d'emploi. (**après être**)

3 Il a écrit à l'agence et ensuite il a posé sa candidature pour le poste. (**avant de**)

4 Si vous souhaitez changer de poste, vous devriez suivre un stage de comptabilité. (**pour**)

5 Ma sœur a obtenu son diplôme d'esthéticienne, puis elle a trouvé un emploi chez «Belle Image». (**après avoir**)

6 Les randonnées pédestres vous permettent de vous remettre en forme et de profiter de la campagne en même temps. (**en**)

7 Elle a passé trois mois en Irlande du Sud, après quoi elle est partie pour New York. (**avant de**)

8 Si vous voulez obtenir une carte de séjour, il faudra vous renseigner à la Préfecture. (**pour**)

Projets pratiques

▶▶

 1 Avec un(e) ou plusieurs partenaires, discutez ensemble de vos projets pour l'avenir immédiat après le lycée. (Avez-vous l'intention de chercher un emploi tout de suite, de vous inscrire à la fac ou à un *collège*, de faire un stage d'entreprise, de passer une année à voyager?)

 2 Si vous n'avez pas d'idée précise à propos de votre avenir, posez-vous tous des questions sur la nature de l'emploi que vous espérez obtenir:

Exemple: Veux-tu travailler   à temps partiel ou à temps plein?
dans l'administration ou en contact avec le public?
plutôt à l'extérieur ou à l'intérieur?
dans l'industrie ou le commerce?
dans le secteur tertiaire (tourisme, profession, finances)?

3 Avec un(e) ou plusieurs partenaires, discutez des métiers que vous voulez adopter ou sur lesquels vous voulez vous renseigner davantage.

4 Rédigez un rapport écrit pour vos contemporaines des classes de première et de terminale, décrivant une visite réelle ou fictive à un Salon des métiers. Qu'y avez-vous trouvé? Avez-vous été surpris(e) par «des tas de métiers ... dont on ne parle pas et ... qu'on ignore totalement»? Lesquels? (Cherchez dans les annonces d'un journal français des noms de postes et d'emplois qui vous sont peu familiers.)

5 Au Salon, vous avez accepté l'offre d'une «journée en entreprise». Recréez avec un(e) partenaire la conversation que vous avez eue avec l'organisateur pour préciser les détails de la visite (heure d'arrivée, de départ, le programme, etc.) Préparez la conversation par écrit. Votre partenaire fournira les détails de la part de l'organisateur. Vous, vous poserez les questions. Enregistrez sur cassette la conversation. Vos ami(e)s l'écouteront et prendront des notes des détails fournis.

6 Rédigez un court compte-rendu d'une journée en entreprise ou d'un stage de formation (réel ou fictif). Donnez des détails de:
- la compagnie et ses produits
- les bâtiments
- les employé(e)s qui vous ont aidé(e) et accompagné(e)
- les tâches qu'on vous a permis d'accomplir.

▷▷

ARTICLE DE PRESSE 9A: Emploi – comment trouver l'entreprise idéale

Une fois que vous aurez une idée générale sur l'orientation qui vous intéresse, comment trouver l'entreprise qu'il vous faudra? Notre article de presse propose des conseils pratiques qui tendent tous dans le même sens. Renseignez-vous sur les entreprises dans lesquelles vous souhaiteriez entrer! C'est un véritable travail de recherches qui s'impose.

▮▮ Vous avez bien compris?

Avant de travailler sur l'article ...

Qu'est-ce qu'un annuaire? (Cherchez la définition dans un dictionnaire.)
Qu'est-ce que le Minitel?
Quels sont les avantages du Minitel par rapport à l'annuaire?

Après avoir lu l'article ...

1 Répondez aux questions suivantes:
  a Quelles sont les deux étapes principales dans la recherche d'un emploi? (Regardez les titres.)
  b Où peut-on se renseigner en premier lieu sur les emplois?
  c Quel service les journaux offrent-ils?
  d Si vous êtes étudiant(e), que pouvez-vous faire?

T A L E N T S

PRATIQUE

Emploi: comment trouver l'entreprise idéale

Tous les spécialistes du recrutement sont d'accord pour conseiller à ceux qui recherchent un emploi de bien se renseigner sur l'entreprise dans laquelle ils souhaitent entrer. Il faut donc faire à la fois une recherche relativement élargie sur le secteur d'activité dans lequel vous allez exercer, et une autre, plus précise sur l'entreprise elle-même.

EMMANUELLE
ORTOLI-LANOE

JACQUELINE
BONNARD

OBTENIR des informations sur l'entreprise dans laquelle vous souhaitez entrer est une démarche prioritaire dans la recherche d'un emploi. Dans un premier temps, il faut se faire une idée claire des deux ou trois secteurs qui vous intéressent. Ensuite, il est nécessaire de rechercher une information générale sur les entreprises à qui vous allez adresser votre CV, mais tout de même suffisamment précise pour bien cibler celles qui seront susceptibles de retenir votre candidature. Enfin, si vous êtes convoqué pour un entretien, vous devez vous lancer dans une recherche plus approfondie.

La première source d'information, par définition à la pointe de l'actualité, se trouve dans les journaux. Nous n'insisterons pas sur la nécessité absolue de lire régulièrement la presse économique. Mais dans une recherche plus précise, sachez que les grands journaux possèdent tous un service de documentation et d'archives.

Ne négligez pas non plus de vous renseigner sur les services de documentation qui peuvent être mis à votre disposition dans votre université. De même, le Centre d'information et de documentation pour la jeunesse (1) dispose d'annuaires professionnels que l'on peut consulter sur place ainsi que d'une documentation générale riche d'environ cinq mille pages couvrant tous les secteurs d'activité. Ce centre offre également à ceux qui le désirent une aide dans leur recherche d'emploi, que ce soit dans la rédaction de leur CV ou dans la préparation d'un entretien d'embauche. C'est par l'intermédiaire de l'Apej (Avenir promotion auprès des jeunes) que cette simulation d'entretien est assurée par d'anciens responsables du recrutement ou du personnel.

De multiples réseaux

Il existe maintenant un réseau d'informations facile d'accès et constamment mis à jour: le Minitel. Sur ce terrain, les chambres de commerce et d'industries occupent une place importante, avec leur service 36.28.19.92. Ce serveur Minitel dispose, en effet, de trois grandes banques de données: Delphes, résumé de la presse économique, qui, avec 420 000 références, se situe en tête du monde francophone; Téléfirm, donnant l'identité d'un million quatre cent mille établissements français; et enfin Firmexport, fichier du commerce international des 37 000 exportateurs et importateurs français.

Avec un réseau de 183 chambres de commerce réparties dans toute la France, les CCI «se sont déjà depuis longtemps investies dans la production de l'information et sa diffusion», explique Marie Lapierre, chef du service documentation-information économique. Leur objectif est d'abord de fournir des informations aux entreprises sur les marchés et sur les secteurs de l'industrie. Dans ce cadre, les CCI produisent de nombreux dossiers documentaires, qu'elles vendent à leurs clients (dossier sur l'industrie de la chaussure, dossier sur le foie gras, etc.). Mais, dans un deuxième temps, ces données peuvent être utilisées par ceux qui s'intéressent aux entreprises et en particulier les étudiants.

Par ailleurs, les chambres de commerce sont indépendantes les unes des autres et ont des politiques différentes selon les régions: «Certaines chambres s'investissent dans le développement de l'enseignement supérieur dans leur région et à ce titre montent des services spécialisés pour les étudiants», souligne Marie Lapierre. Ainsi, à Lille comme à Valenciennes, la chambre de commerce reçoit des étudiants sur rendez-vous. De plus, au sein de ces organismes, on trouve des éléments de documentation comme les rapports annuels des grandes entreprises, des annuaires professionnels et toutes sortes de renseignements d'ordre général sur l'entreprise.

Il existe d'autres banques de données économiques sur les entreprises. Bien cibler votre recherche vous fera gagner du temps, mais surtout de l'argent, car le prix de la consultation est élevé (0.12 F puis 9.06 F par minute). Infogreff, banque de données des tribunaux de commerce, 36.29.11.11 (tapez 3), permet de connaître les chiffres clefs de l'entreprise: le chiffre d'affaires, le résultat, les effectifs.

SCRL entreprises – par l'intermédiaire du Minitel 36.29.19.93 – met également à votre disposition des données sur l'entreprise: identité, dirigeants, activité, capital, actionnaires, filiales, etc. Enfin, ne négligez pas d'autres sources comme le Conseil économique et social, l'Insee, la Banque de France, l'Ined ou le Cerc.

Le Figaro

(1) *CIDJ, 101 quai Branly, 75740 Paris Cedex 15*

2 Notez les détails suivants:
   a les services offerts par le CIDJ
   b les services offerts par l'Apej
   c ce que l'on trouve dans les banques de données
      – Delphes
      – Téléfirme
      – Infogreff
      – SCRL entreprises.

3 Complétez les phrases suivantes d'après le sens de l'article:
   a La première chose à faire quand vous cherchez un emploi c'est …
   b Pour avoir la dernière information sur les emplois, il faut lire …
   c Le prix de la consultation par Minitel est …
   d Les chiffres clefs de l'entreprise sont …

Projets pratiques

 1 Rédigez en français votre CV, selon les grandes lignes indiquées ci-dessous.
   • nom et adresse
   • nationalité, état civil, date et lieu de naissance
   • diplômes, formation/études actuelles
   • scolarité (après l'école primaire)
   • expérience/stages/postes professionnels
   • passe-temps/loisirs/passions.

 2 Cherchez une annonce dans un journal français et posez votre candidature (fictive) à un poste qui pourrait vous intéresser. Dites dans votre lettre:
   • où vous avez vu le poste
   • le nom du poste
   • votre situation actuelle
   • pourquoi le poste vous attire
   • pourquoi vous vous croyez apte au (bien qualifié[e] pour le) poste
   • que vous y joignez votre CV
   • que vous espérez un entretien.

 3 Donnez votre CV, votre lettre de motivation et l'annonce à un(e) partenaire. Votre partenaire (a) vous écrira une réponse vous accordant un entretien, et (b) vous téléphonera pour confirmer la date et l'heure de l'entretien.

 4 Recréez l'entretien – votre partenaire sera l'employeur et préparera des questions à vous poser. Vous, de votre côté, préparerez des questions à lui poser sur:
   • les conditions de travail (horaires, congés, salaire)
   • les avantages sociaux (voiture, cantine, assurance)
   • les perspectives d'évolution dans la société
   • la formation offerte.
   (L'employeur devra bien sûr préparer ses réponses à ces questions à l'avance.)

«Et pour finir …»

Un(e) ami(e) français(e) qui va entrer dans la section d'anglais à l'université veut se perfectionner en trouvant un emploi dans votre ville pendant l'été. Ecrivez-lui en indiquant quelques entreprises auxquelles votre ami(e) pourrait écrire. Essayez de lui brosser le portrait de chaque entreprise.

EXTRAIT TELEVISE 9B: Boutiques de l'abbé Pierre

Lorsque nous parlons du travail, nous ne pouvons pas ignorer son triste complément, le chômage. Malheureusement, les chômeurs de longue durée ont souvent moins de chances que les autres demandeurs d'emploi. C'est une des raisons pour lesquelles l'abbé Pierre, un prêtre qui consacre sa vie à aider les plus démunis, a créé des boutiques-solidarité, qui accueillent les chômeurs sans adresse fixe.

◗◗ Vous avez bien compris?

Avant de regarder la vidéo …

Notez les détails suivants:

RMI – Revenu minimum d'insertion (créé en 1988 pour permettre à chacun de disposer de ressources suffisantes pour faire face à ses besoins et favoriser la réinsertion dans la société)

CAP – Certificat d'aptitude professionnelle.

Sujet de débat préliminaire: Existe-t-il l'équivalent du RMI et du CAP en Grande-Bretagne?

Après avoir regardé la vidéo …

1 Lesquelles des commodités suivantes sont offertes par la boutique de l'abbé Pierre?

   a l'eau
   b les salles de bains
   c la possibilité de laver le linge
   d des lits
   e la possibilité de faire raccommoder les vêtements
   f les services d'une coiffeuse
   g la restauration.

2 En écoutant de nouveau la vidéo, notez les détails suivants sur les personnes interviewées:

   Linda
   – qualifications
   – célibataire ou mariée?
   – salaire mensuel actuel
   – salaire mensuel autrefois

   Raymond
   – où habite-t-il?
   – son emploi à présent

   Marcel Houligaud
   – domicile
   – employé ou chômeur?

3 Quel est le sens courant des mots suivants:
   i) un diplômé?   ii) un licencié?

4 Complétez les blancs dans le texte avec les mots exacts du reportage:
   Ces personnes .... nous avons .... sont sorties du cercle vicieux, problèmes de ...., pas d'adresse, pas de ...., grâce à un contrat de RMI-ste (Revenu minimum d'insertion) obtenu par les nouvelles boutiques .... par l'abbé Pierre. Les boutiques-solidarité sont d'abord un lieu .... extraordinaire.

▌▌ Un peu de grammaire

Le subjonctif après certaines conjonctions de subordination

Pourquoi y a-t-il des salles de bains dans les Boutiques de l'abbé Pierre?
– *Pour que* chacun *puisse* y faire sa toilette.

Pourquoi offre-t-on des lits?
– *Pour que* les plus démunis *puissent* eux aussi dormir au chaud.

Pour expliquer ce que l'abbé Pierre essaie de faire en créant ses boutiques, la journaliste emploie la conjonction **pour que + subjonctif**.

On peut également utiliser **afin que + subjonctif**:
– *Afin que* chacun *puisse* y faire sa toilette.

Voici quelques autres conjonctions qui sont suivies du subjonctif. Traduisez les exemples en anglais:

A condition que/pourvu que
– Je vous y amènerai *à condition que* Nicole *soit* de retour.
– Je vous y amènerai *pourvu que* Nicole *soit* de retour.
A moins que ... ne
– Je peux remplir la fiche *à moins que* tu *ne veuilles* le faire toi-même.
Avant que ... (ne)
– Linda lui coupera les cheveux *avant qu*'il *(n')aille* s'inscrire à l'ANPE.
Jusqu'à ce que
– Les sans-abris vont coucher ici *jusqu'à ce qu*'il *fasse* moins froid.
Sans que
– Il est parti *sans que* l'abbé lui *ait parlé*.

Entraînez-vous!

Voici quelques propositions pour aider les chômeurs et les sans-abri. Utilisez les expressions indiquées entre parenthèses pour réécrire les phrases suivantes:

1 Il faudra donner une allocation identique à chaque chômeur. Comme ça ils auront tous la même chance. (**pour que**)

2 Les sans-abri accepteraient de coucher dans un foyer si on leur permettait de garder leur indépendance. (**à condition que**)

3 Les entreprises devraient proposer des contrats de courte durée aux jeunes chômeurs. Cela leur permettrait d'obtenir une première expérience professionnelle. (**afin que**)

4 Il est inutile de proposer des stages de formation s'il n'y a pas d'emplois dans le secteur. (**à moins que ... ne**)

5 Les mères célibataires sont prêtes à travailler si quelqu'un veut garder leurs enfants. (**pourvu que**)

6 Il y aura toujours des sans-abri tant que les municipalités ne construiront pas assez de logements sociaux. (**jusqu'à ce que**)

7 Les jeunes chômeurs ont peu de chances de tomber sur la bonne piste si quelqu'un ne les prend pas en charge. (**sans que**)

8 Il faudra baisser les loyers, sinon il y aura bientôt une véritable crise du logement. (**avant que**)

P*rojets pratiques*

>>

1 Mettez-vous à la place de quelqu'un qui vit «à la rue», sans domicile fixe et sans emploi. On vous offre un accueil dans une boutique de l'abbé Pierre. La radio locale va vous interviewer. Préparez vos réponses à des questions qui vous seront posées par le reporter sur:
- l'espoir que cela vous donne de pouvoir améliorer vos conditions de vie
- le contact que vous aurez avec d'autres gens qui pourront vous aider
- la possibilité de soigner votre apparence
- les meilleures chances de trouver un emploi
- l'opportunité de vous réintégrer dans la société.

Le reporter préparera ses questions à l'avance.

2 Vous êtes maire d'une commune où on a installé une nouvelle boutique de l'abbé Pierre. Expliquez à vos collègues – conseillers municipaux – pourquoi vous êtes entièrement en faveur de cette initiative:
- opportunité de réduire le nombre de SDF dans la commune
- réduction du taux de chômage
- bénéfices sociaux – plus de sécurité dans les rues
- réduction des dispositifs policiers nécessaires le soir.

Vos «collègues» peuvent bien sûr vous poser des questions supplémentaires et exprimer leurs objections.

3 Vous habitez près de la nouvelle boutique de l'abbé Pierre. Ecrivez au maire pour protester contre cette installation:
- baisse du «bon ton» du quartier
- des dizaines de «clochards» et de «mendiants» dans les rues du matin au soir, attirés par la Boutique
- vous ne pouvez plus vous promener en sécurité
- réduction de la valeur de votre propriété.

>>

ARTICLE DE PRESSE 9B: Une nuit à Nicolas-Flamel

Les chômeurs qui espèrent se réintégrer dans la société, ce sont les plus fortunés. Mais d'autres ont peu d'espoir de quitter la condition de chômeur-SDF (sans domicile fixe). Dans une ville comme Paris, comment les sans-abri arrivent-ils à survivre? Certains acceptent de dormir dans un «asile de nuit», mais notre article nous laisse voir que les conditions d'accueil peuvent être rébarbatives.

▌▌ **Vous avez bien compris?**

Avant de travailler sur l'article ...

Notez: Nicolas Flamel (1330–1418) était employé de l'Université de Paris. Il avait la réputation d'être sorcier et alchimiste.

Cherchez le sens des mots suivants dans un dictionnaire:

rechigner	bruissant
un brouhaha	élimé
un magma	une bagarre

Les conditions d'accueil dans le plus grand foyer d'urgence de Paris

Une nuit à Nicolas-Flamel

Pourquoi nombre de Sans domicile fixe rechignent-ils à rejoindre les «asiles de nuit»? Après avoir partagé la vie des SDF pendant quatre mois, Hubert Prolongeau apporte un début de réponse dans un ouvrage qui vient de paraître (1).

Elle saute au visage comme une bouffée de mauvais air. Grise, sombre, dissimulée par un mur en briques orné d'un drapeau tricolore, la cour de «Nicolas Flamel» abrite tous les soirs dans un brouhaha angoissé plus d'une centaine de SDF. Massés près du perron en un magma bruissant, ils attendent. Il est 17 h 30. Le plus grand foyer d'urgence parisien ouvre ses portes.

A Nicolas Flamel, on n'existe pas. Si, trois minutes. Le temps de donner ses papiers à l'entrée, dans le petit guichet d'un hall froid. Ensuite, chacun n'est plus que le numéro de son lit, inscrit sur une carte rose ou bleue, et que crie une «blouse blanche» (nom donné aux surveillants) en poinçonnant la carte. Scotché aux murs, le règlement intérieur étale sur des papiers jaunis une litanie de contraintes. La plus dure: cette obligation d'être rentré tous les soirs à 17 h 30 et de ne jamais passer une nuit dehors sous peine d'expulsion.

En face, l'immense salle du réfectoire ouvre ses portes. «*Le 2003, à la douche*». Tous les deux jours, elle est obligatoire. Mais les serviettes ne sont pas prêtées, et ils sont plusieurs chaque soir à attendre près des radiateurs, ou à remettre les habits qu'ils garderont mouillés toute la soirée.

Une odeur fétide

Les autres vont manger. Une longue queue de cheval sur les épaules, l'air de ne pas vouloir se mêler à ses nouveaux pairs, un nouveau inspecte les lieux d'un air inquiet. Chacun prend son plateau, ses couverts (ni couteau, ni fourchette), attaque sa purée-saucisse ou son poulet-petits pois. Un vague brouhaha domine la salle, mais beaucoup mangent seuls, vite. Déjà, les premiers qui ont fini se lèvent. Il est 18 h 30. La soirée commence.

«On s'emmerde, hein?» Frank est à la rue depuis huit mois, à Nicolas Flamel depuis six. Il est l'un des derniers à quitter le réfectoire. Derrière lui, la blouse blanche ferme la porte. La seule grande pièce du foyer est inutilisable. Alors, ils s'entassent ailleurs. Vite, vite, ceux qui veulent regarder la télé se rapprochent du récepteur, situé au fond d'un vaste couloir. Les autres envahissent l'escalier, se font avec des chaises, près du radiateur, un endroit où jouer aux cartes. Assis sous un néon, Paul, petit bonhomme silencieux vêtu d'un pull rouge trop grand se lance pour le troisième soir dans la lecture du tome I du *Rouge et le Noir*.

Dans les dortoirs, certains sont déjà couchés, noyés sous les couvertures pour éviter la lumière qui ne sera éteinte qu'à 20 h 30. Le long d'un immense couloir des boxes de dix places s'alignent. A l'intérieur, cinq lits superposés, les uns sur les autres, presque les uns contre les autres, deux couvertures grises élimées, un traversin sans taie. Des vitres dépolies montent à mi-hauteur de cloisons qui n'atteignent pas le plafond. Des douches et des lavabos se dressent par endroits, parfois souillées des vomissures de ceux qui ont trop bu. Au bout du couloir en face des toilettes, Yazid roule un pétard. Quatre hommes tirent dessus. L'un d'eux chantonne le *«Sarah»* de Reggiani. Un autre raconte à un auditoire qui s'en moque ses conquêtes de la journée. Une odeur d'excréments monte des latrines: il n'y a pas de papier toilettes, et les morceaux de *l'Equipe* qui l'ont remplacé sont encore collés au mur.

La nuit est dominée par les ronflements. Parfois, une bagarre éclate. Pour rien, un pied écrasé, un

mauvais rêve. Quelques insultes, parfois le bruit d'une gifle, et tout s'éteint à nouveau. Une odeur vaguement fétide règne, et se mélange aux restes de fumée.

«Debout tout le monde.» Le néon allumé éclate dans la tête. Les yeux glauques, ils se regardent, avec l'impression qu'il ne s'est rien passé, que personne n'a dormi, à peine flotté dans un brouillard nauséeux. Six heures du matin: il faut qu'à sept heures et demie, tout soit vide. Les hommes se lèvent. Pas un mot, mais des toux. De tous les côtés, raclements de gorge interminables, quintes sans fin se succèdent. *«Vos gueules les tubards.»* *«Faites chier, allez mourir ailleurs.»*

Armée d'un bout de fer avec lequel elle tape dans les pieds des lits encore occupés, une blouse blanche passe dans les boxes. Le petit déjeuner est autant un repas qu'un combat pour se réveiller. Dehors, il fait toujours nuit. Des frissons agitent ceux qui sortent, et remontent vite le col de leurs blousons. Les premières cigarettes rougeoient aux mains. Et ceux qui ne traînent pas la patte jusqu'au métro pour y dormir encore une heure ou deux s'enfournent dans le petit bistrot, deux cents mètres plus bas.

HUBERT PROLONGEAU
Le Monde

(1) *Sans domicile fixe*, par Hubert Prolongeau. Editions Hachette, Collection Pluriel/Intervention. 220 p., 86 F.

Après avoir lu l'article ...

1 Répondez aux questions suivantes:
   a Combien de SDF sont logés à Nicolas-Flamel chaque soir?
   b Comment les «clients» sont-ils identifiés?
   c Quel est le rôle des «blouses blanches»?
   d Qu'est-ce qui indique l'austérité des conditions
      i) dans les douches?
      ii) dans les toilettes?
   e Où faut-il aller pour regarder la télé?

2 Trouvez dans le texte la phrase qui correspond à la suivante:
   «Les conditions de séjour sont affichées au mur.»

3 Donnez des détails sur les clients suivants:
   a un «nouveau» qui est anonyme
   b Frank
   c Paul.

4 Décrivez le menu ce soir-là.
   Qu'est-ce qu'on a comme couverts?

5 Décrivez le dortoir.
   Qu'est-ce qui arrive le matin?

Projets pratiques

1 En lisant attentivement le texte, faites la comparaison entre la boutique de l'abbé Pierre et l'asile Nicolas-Flamel. On pourrait dire que celle-là se caractérise par le mot «espoir», et celle-ci par le mot «désespoir». Analysez le bien-fondé de ce jugement. Pour vous préparer, faites deux listes de vos idées et de vos impressions:

   «La boutique espoir»   «L'asile désespoir»

2 Imaginez une conversation entre deux SDF qui quittent Nicolas-Flamel pour aller à une boutique de l'abbé Pierre et qui font une comparaison entre les deux établissements. Donnez leurs impressions sur:
   • les meilleures conditions de vie (hygiène, équipements, conseils offerts)
   • les nouvelles possibilités de travailler.

«Et pour finir ...»

«Le chômage – le plus grand défi de notre société, la plus grande menace à la démocratie.»
Qu'en pensez-vous? Écrivez une lettre à la rédaction d'un journal pour exposer vos sentiments.

10 Le monde de la politique

Le sujet de l'immigration est d'autant plus sensible pendant une période de récession et de chômage accru. La percée du Front national en France traduit une inquiétude qui tourne parfois à la xénophobie. Mais si on laisse de côté les préjugés, les idées reçues, pour en venir aux faits, y a-t-il plus d'immigrés en France maintenant que par le passé? Notre premier reportage télévisé nous apporte une réponse.

EXTRAIT TELEVISE 10A: L'immigration

Vous avez bien compris?

Avant de regarder la vidéo ...

Sujet de discussion: les expériences de ceux qui changent de pays.

Après avoir regardé la vidéo ...

1 En écoutant de nouveau le reportage, mettez les chiffres suivants dans l'ordre que vous entendrez dans le reportage:

   a 1990   e 6%
   b 1982   f 6,3%
   c 3.580.000   g 3.680.000
   d 100.000

2 Répondez aux questions suivantes:
   a Le rapport a été préparé pour quel Ministère?
   b Parmi les naturalisés, l'an dernier, qui sont les plus nombreux – les immigrés noirs ou les blancs?
   c Quelles sont les méthodes ordinaires pour obtenir la nationalité française?
   d Quel pourcentage des immigrés en France vient de la Communauté Européenne?

3 Complétez les blancs dans le texte suivant avec les chiffres donnés dans le reportage:
   La population étrangère en France est restée à peu près stable entre .... et .... Les étrangers étaient .... en 1982, ... en 1990, soit approximativement .... de la population française.

▌▌ Un peu de grammaire

Le passé composé

Ce reportage nous rappelle que, pour certains verbes, le passé composé se fait avec **être** (et non pas **avoir**):

(1) Quatorze verbes courants, dont la plupart indiquent le mouvement: **aller, arriver, descendre, entrer, monter, mourir, naître, partir, rentrer, rester, retourner, sortir, tomber, venir.**
– Ces immigrés *sont* légalement *arrivés* dans notre pays.
– La population étrangère *est restée* à peu près stable.
L'accord se fait entre le **sujet** et le **participe passé**.

(2) Les verbes pronominaux:
– Le nombre d'étrangers *s'est stabilisé.*
– La population immigrée *s'est renouvelée.*

L'accord se fait entre l'**objet direct** (le plus souvent, le pronom réfléchi) et le **participe passé**.

Entraînez-vous!

Voici un reportage sur la vie d'une famille immigrée. Mettez les verbes entre parenthèses au passé composé. Attention! Certains font le passé composé avec **avoir**, d'autres avec **être**.

La famille d'Ahmed (ARRIVER) en France en 1985, Ahmed lui-même (PARTIR) du Maroc en 1983, et pendant deux ans il (S'EFFORCER) de trouver un travail comme électricien. Il (DEVOIR) y renoncer et (FINIR) par accepter un travail intérimaire sur un chantier à Marseille.

Sa femme (SE DECIDER) à suivre son mari quand leur fille aînée (MOURIR) en 1984. Mais il lui (FALLOIR) plus de neuf mois pour obtenir un visa. Le premier juillet elle (PRENDRE) l'avion, accompagnée de trois enfants. Ils (RESTER) trois mois dans un foyer de travailleurs immigrés. Ensuite ils (DEMENAGER) dans un appartement au 6e étage d'une HLM. Le premier jour, leur fils (TOMBER) dans l'escalier et (SE CASSER) la jambe.

Ahmed et sa femme disent qu'ils (S'ADAPTER) à leur nouveau mode de vie maintenant, mais ils connaissent d'autres familles immigrées qui (RETOURNER) dans leur pays d'origine au bout d'un an.

Projets pratiques

 1 Ecoutez et regardez le reportage. Prenez des notes et faites-en le résumé en pas plus de 150 mots; concentrez-vous donc sur les grands faits et évitez les chiffres (essayer de vous limiter à une seule statistique).

 2 Vous avez décidé de vous installer en France et d'y chercher un emploi. Ecrivez une lettre à des ami(e)s français(es) où vous décrivez vos sentiments en quittant le sol britannique pour devenir un(e) immigré(e) dans un pays étranger. Expliquez pourquoi vous avez pris la décision de changer de pays.

ARTICLE DE PRESSE 10A: Le vote du Val-Fourré
– un conseil de quartier

Trop souvent, dans les grandes villes, les familles immigrées se retrouvent dans des cités d'HLM anonymes, où règnent la tension, le crime ou l'indifférence. Or, notre article de presse nous raconte une expérience inédite qui veut donner aux habitants – pour la plupart immigrés – le sens de gérer eux-mêmes leur quartier.

Le vote du Val-Fourré

Pour la première fois en France, un «conseil de quartier» a organisé des élections où tous, Français et étrangers, ont voté

epuis le dimanche 3 octobre, quelque chose a changé à Mantes-la-Jolie. Plus précisément, dans le quartier du Val-Fourré, cette cité où s'étaient déroulés en 1991 des «rodéos» tragiques, dont le bilan s'était soldé par la mort de deux jeunes beurs et d'une femme policier. Le changement tient en un mot: élections, et c'est une première en France.

Ce jour-là, les habitants des tours HLM de la ZUP sont invités à choisir les représentants de leur «conseil de quartier». Très peu ont l'habitude de voter. 75% d'entre eux étrangers. Parmi les Français, deux électeurs sur trois, hostiles au maire PS, Paul Picard, se sont abstenus lors des dernières législatives. Picard, membre du cabinet de Michel Delebarre lorsqu'il était ministre de la Ville, n'a pas su se rallier cet électorat. Désaffection qui est même devenue le symbole de l'echec socialiste dans les banlieues. Mais ce 3 octobre sont admis aux urnes tous les «citoyens» âgés de plus de 16 ans, français ou étrangers. Un seul critère: vivre ou travailler dans le quartier. Sur les

3 523 incrits, 852 viendront voter. *«C'est bien fini, le temps des associations couscous-merguez»*, commente Farid Bouali, 30 ans, l'initiateur du conseil de quartier, dont la famille est implantée en France depuis le début du siècle. *«L'idée est de cogérer les affaires du quartier. Il fallait un contre-pouvoir, pas un anti-pouvoir. La municipalité est souveraine, mais les projets proposés sont élaborés avec la population.»* Ainsi, à force d'obstination, le conseil a obtenu qu'un terrain de sport soit créé, que les parkings soient éclairés ... Fort de sa légitimité puisqu'il a été élu, Farid Bouali – appuyé par les jeunes et les vieux, par des gens de toutes nationalités et de toutes professions, dont un policier – se bat maintenant pour la mise en place d'un nouveau marché le dimanche matin, pour la création d'une entreprise d'insertion pour les jeunes, pour que l'on détruise cinq des plus grosses tours du quartier. Et surtout, c'est l'objectif principal, pour intégrer les beurs au cœur de la vie civique.

Fin politique, il a su convaincre le maire, autrefois son ennemi, de soutenir ses initiatives. Après être

passé par Génération Ecologie lors des législatives, il s'est rapproché du PS. Retournement qui n'est pas du goût de tous. Des jeunes accusent: *«Farid, c'est un gratteur, il veut gratter comme les autres!»* D'autres, qui ont vécu des expériences militantes depuis dix ans, avouent leur lassitude. Mais ceux-là mêmes qui le critiquent admettent que *«Farid est la preuve vivante qu'on peut oser et réussir»*.

Bouali, en définitive, réussira-t-il à convaincre? Après ces élections est en tout cas apparue une pépinière de nouveaux militants. C'est le cas de Farida, la seule femme élue au conseil de quartier. Elle a 22 ans. Elle est d'une beauté lumineuse et fragile. Comme elle le dit pudiquement, ses relations se sont brisées avec sa famille quand elle a *«pris son indépendance ... »*. Elle s'implique pour faire du *«social de l'an 2000, pour les habitants d'aujourd'hui: il faut aider les parents à comprendre ce qui se passe dehors, les sortir de leur coquille»*.

MARIA DO CÉU CUNHA
Le Nouvel Observateur

▌▌ Vous avez bien compris?

Avant de travailler sur l'article ...

1 Notez les détails suivants:
Mantes-la-Jolie est situé sur la Seine, à quelques kilomètres en aval de Paris. Cherchez-la sur la carte de France.

Michel Delebarre (parti socialiste) était ministre des Transports et de la mer dans le gouvernement de Michel Rocard.

Une HLM est une habitation à loyer modéré.
Une ZUP est une zone à urbaniser en priorité.

2 Cherchez les mots suivants dans un dictionnaire:

inédit	une cité	un échec
un parti	un quartier	un beur
une partie	une banlieue	gratter
une part	aller aux urnes	pudiquement

3 Vous habitez dans une tour ou vous allez voir des amis qui habitent un grand immeuble? Quels sont les inconvénients de ces bâtiments? On en construisait beaucoup à quelle période?

Après avoir lu l'article ...

1 Trouvez des phrases dans l'article qui ont le même sens que les suivantes:

a Dans ce quartier, il y a eu des émeutes pendant lesquelles trois personnes ont été tuées.

b Plus de 60% des électeurs n'ont pas voté aux dernières élections parlementaires.

c Le 3 octobre, les jeunes de seize ans pourront voter.

d Ce sont les habitants qui proposent les projets.

e Certaines personnes qui ont eu une vie politique active dans le passé se disent un peu fatiguées.

2 Donnez des détails sur deux des succès du conseil de quartier.

3 Quels sont leurs quatre projets à l'avenir?

4 Relevez les détails sur Farid.

Projets pratiques
▶▶

1 En utilisant votre dictionnaire, écrivez des définitions ou des descriptions en français des expressions suivantes, tenant compte bien sûr du contexte où ils se trouvent:

- la cité
- le conseil de quartier
- les législatives
- l'électorat
- cogérer
- un contre-pouvoir
- un anti-pouvoir
- une entreprise d'insertion
- une pépinière de nouveaux militants
- une coquille

2 Traduisez **en anglais** depuis le début jusqu'à «un seul critère: vivre et travailler dans le quartier.»

3a Dressez la liste des projets proposés par le conseil de quartier. Pour quelles raisons croyez-vous que ces projets ont été proposés? Quels seront les bienfaits de chaque initiative pour le quartier?

 3b Rédigez une brochure ou un pamphlet expliquant la politique du conseil aux citoyens du quartier.

 4 Vous êtes Farida, jeune femme de vingt-deux ans, immigrée, élue. Vous avez quitté le foyer familial. Ecrivez à votre famille pour expliquer pourquoi vous vous êtes présentée aux élections; essayez de «les sortir de leur coquille traditionnelle».

«Et pour finir ...»

Le Nouvel Observateur veut poursuivre son étude sur le sort des immigrés en demandant à plusieurs villes britanniques: «Votre ville fait-elle des efforts pour l'accueil des immigrés?» Vous écrirez une lettre au *Nouvel Observateur*, en prenant en compte: la scolarisation des immigrés, leurs problèmes linguistiques, les manifestations ou les fêtes ethniques.

EXTRAIT TELEVISE 10B: Les femmes au parlement

On a fait des progrès incontestables en ce qui concerne l'égalité des femmes en Europe. Cependant, il ne suffit pas d'établir l'égalité devant la loi; il faut ensuite se demander pourquoi les femmes ne sont toujours pas aussi présentes que les hommes dans certains domaines. Un exemple que nous propose le reportage télévisé: pourquoi n'y a-t-il pas plus de femmes députés en France?

❚❚ Vous avez bien compris?

Avant de regarder la vidéo …

Choisissez dans la liste ci-dessous la description qui correspond aux noms suivants:

a l'Hémicycle
b le Palais Bourbon
c l'Hôtel Matignon
d le Palais du Luxembourg

i   la résidence officielle du premier ministre
ii le siège de l'Assemblée nationale (élue par suffrage universel direct)
iii le siège du Sénat (chambre haute, élue par suffrage universel indirect)
iv la chambre de l'Assemblée nationale

Après avoir regardé la vidéo …

1 Les phrases suivantes, sont-elles vraies ou fausses?
   a Le pourcentage de femmes au parlement est plus fort en France qu'aux Philippines.
   b Il y a plus de femmes au parlement en Grèce qu'en France.
   c Parmi les cinq mille cinq cents candidats enregistrés pour les prochaines élections, il y a environ mille femmes.
   d Il y a plus de femmes candidates au Front national qu'au Parti socialiste.
   e La personne interviewée considère que le système de représentation favorise les femmes.

2 Complétez les blancs dans le texte suivant:

Le document du Conseil national des femmes françaises .... la répartition des candidatures par .... Le Limousin, de vieille .... résistante, arrive .... avec 25% de candidates. La Corse est bonne .... avec .... en Corse du sud. Pourtant, les femmes .... dans la vie publique, dans les associations, dans les ...., à la CFDT par exemple.

3 Voici une traduction un peu simplifiée du cinquième paragraphe du reportage. Essayez de la retraduire en français sans regarder l'original.

Among the Greens 30% are women, but only 15% of their candidates are women. That is very inadequate. Voting by simple majority is unfair since it does not allow all shades of opinion to be represented in parliament. It particularly discriminates against women since it is a further obstacle to their participation in the democratic process.

∎∎ Un peu de grammaire

Poser une question (l'interrogation)

Dans le reportage, la journaliste nous pose des questions pour nous amener à réfléchir sur les difficultés des femmes qui s'engagent dans une carrière politique. Elle utilise des formes interrogatives qui conviennent au français parlé, plus relâché:
– Vous en voyez beaucoup, des femmes, vous, dans cet hémicycle?
– Mais à quel prix ce combat?

On peut également utiliser la forme **est-ce que** à l'oral:
– *Est-ce que vous voyez* beaucoup de femmes dans cet hémicycle?
– Mais *à quel prix est-ce qu'on s'engage* dans ce combat?

Dans le français écrit, plus soutenu, on préfère utiliser l'**inversion** pour l'interrogation:
– *Voyez-vous* beaucoup de femmes dans cet hémicycle?
– Mais *à quel prix s'engage-t-on* dans ce combat?

Entraînez-vous!

Voici la transcription d'une interview avec une femme député. La journaliste a posé ses questions dans un français relâché. Réécrivez les questions en utilisant l'inversion, pour un reportage de presse de qualité:

Journaliste: Bonjour, Madame Meunier. Il y a combien de femmes députés à l'Assemblée nationale?
Député: Nous sommes 33 sur 577.
J.: Ça vous semble normal?
D.: Pas du tout. Au plan européen, la France est à l'avant-dernière place!
J.: Les choses vont changer à l'avenir, selon vous?
D.: Je crois qu'il faudrait faire plusieurs démarches pour favoriser les candidatures féminines.
J.: Vous pensez à quoi, par exemple?
D.: On pourrait établir des listes exclusivement féminines.
J.: On l'a déjà essayé?
D.: Il me semble que non. Mais il nous faut des solutions radicales.
J.: Le mode de scrutin majoritaire, vous voulez le changer?
D.: Oui, parce que le système actuel est discriminatoire à l'égard des femmes.
J.: Votre parti a étudié les systèmes électoraux de nos partenaires européens?
D.: Oui, et nous publierons un rapport là-dessus la semaine prochaine.
J.: Les conclusions sont intéressantes?
D.: Bien sûr, si les Français ne veulent pas rester en retrait!

Projets pratiques

1 Ecoutez et regardez le reportage. Prenez des notes et faites un résumé de la situation actuelle et la situation probable après les élections.

2 Vous êtes le mari d'une femme député. Vous faites «pratiquement tout à la maison». Racontez votre journée typique à un reporter à la radio. Pour vous préparer, faites d'abord un profil de votre famille-foyer selon les questions suivantes:

• Quel est votre emploi à vous? Et celui de votre femme?
• Où habitez-vous par rapport à votre lieu de travail?
• Quelles sont vos propres heures de travail?
• Quel moyen de transport utilisez-vous?
• Combien d'enfants avez-vous tous les deux? De quel âge?
• Quels sont leurs horaires scolaires?
• Comment partagez-vous les tâches ménagères avec vos enfants?
• Et votre femme? Comment les exigences de son travail affectent-elles votre vie de famille?

Le reporter vous posera ces questions-ci et éventuellement d'autres …

3 Recréez une conversation entre vous (le mari) et votre femme, fondée sur les faits dans votre journée typique ci-dessus.

Votre femme commencera par la phrase: «Eh bien, chéri, dis-moi ce que tu as fait aujourd'hui». Bien sur, après avoir répondu, posez la même question à votre femme.

ARTICLE DE PRESSE 10B: Reconstruire la famille

Pour les femmes, à un moment donné de leur carrière, un choix s'impose: fonder une famille, poursuivre une carrière, ou bien conjuguer les deux activités? Mais lorsqu'on parle d'un «choix», ce n'est que rarement un choix libre. Les mères qui travaillent sont souvent obligées de le faire pour des raisons financières. Devrait-on donc envisager un «salaire maternel», versé par l'Etat, pour les mères qui aimeraient mieux rester chez elles tant que leurs enfants sont petits? On peut certes y opposer des arguments économiques et sociaux, mais l'article du *Figaro* cherche à défendre ce projet. Qu'en pensez-vous?

■■ Vous avez bien compris?

Avant de travailler sur l'article …

Cherchez le sens des mots suivants dans un dictionnaire:

une loi-cadre	au demeurant
recenser	une étape
une garderie	racornir

Reconstruire la famille

Faire de l'éducation des enfants par leur mère une profession reconnue
• Le salaire parental • Pourquoi l'effondrement de la natalité?

PAR ANNIE KRIEGEL

Parmi les dix réformes à entreprendre qu'énumérait la déclaration de politique générale sur laquelle Édouard Balladur a, le 15 décembre, engagé la responsabilité de son gouvernement, figure en seconde position, tout de suite après celle touchant à l'emploi, une réforme d'ensemble, déjà traduite en un projet de loi-cadre, sur la famille *qui doit demeurer une valeur essentielle de notre société.*

La famille: une manière un peu élargie – il y a tant de variétés de *familles* aujourd'hui, légales ou non, *recomposées* ou non, de la famille *monoparentale* aux *parentés plurielles*, qu'un chercheur américain en a recensé sans humour particulier vingt-six formules différentes –, mais somme toute un biais justifié pour essayer d'abord de freiner puis inverser la courbe irrépressiblement déclinante du taux de natalité.

Le plus simple serait, pour les femmes qui choisiraient d'élever elles-mêmes leurs enfants plutôt que de les confier à la chaîne fragile des garderies de substitution, d'établir un salaire maternel, formule qui aurait l'avantage de faire de l'éducation des enfants une profession reconnue et respectée, dont l'exercice s'inscrirait au nombre des étapes variées d'une carrière se déroulant tantôt à l'intérieur tantôt à l'extérieur de la maison. Une profession aussi reconnue et respectée quand une femme prend en charge ses propres enfants que lorsqu'elle le fait des enfants des autres.

«C'est la confiance en la société et en l'avenir qui favorise le désir de maternité», soulignait Simone Veil le 14 décembre, devant le Conseil national des femmes françaises. Quelle confiance plus grande peuvent inspirer la société et l'avenir qu'en consentant à supporter le coût, même onéreux, d'une grande affaire tout à la fois privée et d'intérêt national? Au demeurant, qu'on ne s'y trompe pas: le désir d'enfant ne s'est jamais racorni, encore moins éteint. Ce qui est en question, c'est le passage à l'acte. La France du baby-boom était un pays qui avait encore faim et froid, un pays bien pauvre. Ce qui, aujourd-hui, conduit d'innombrables jeunes femmes à retarder d'abord puis renoncer à mettre au monde deux ou trois enfants, c'est sans doute le désir de faire carrière après des études longues, c'est sans doute encore la relative incompatibilité entre travail et charges familiales – d'où le stress dont souffrent à 94%, selon le rédacteur en chef de la revue *Stress and Medicine*, des femmes qui travaillent et ont un enfant de moins de seize ans (Yves Christen, *Le Figaro Magazine*) –, c'est maintenant la perspective

inverse du chômage, mais c'est aussi, c'est surtout la fragilité des couples. L'avenir incertain, il est là, dans la crainte que le couple, en se disloquant, laisse dans un embarras insurmontable la femme qui, imprudemment, aurait abandonné son poste de travail et ses revenus propres. Le salaire maternel répondrait à cette anxiété.

L'idéologie de la «modernité»

La correction à l'égard d'orientations qui ont conduit à des impasses ou des mécomptes est néanmoins très difficile. L'enracinement des priorités impérieuses qu'ont dictées dans les trente dernières années la mode et l'idéologie de la modernité fait qu'il est peut être nécessaire de passer par une étape intermédiaire, dont Édouard Balladur a tracé le programme: élargissement de l'allocation parentale d'éducation, amélioration des modes de garde et développement du temps partiel.

Le Figaro

Après avoir lu l'article ...

1 Répondez aux questions suivantes:
   a Pourquoi le gouvernement français considère-t-il la famille comme une valeur essentielle de la société?
   b Selon Simone Veil, qu'est-ce qui favorise le désir de maternité?
   c Quels sont les trois éléments du programme proposé par Monsieur Balladur?
   d Le salaire maternel répondrait à quelle anxiété?

2 Complétez les phrases suivantes d'après le sens de l'article:
   a La première des dix réformes d'Edouard Balladur concerne ...
   b Un chercheur américain a énuméré ...
   c Pour aider les femmes qui veulent rester à la maison pour élever leurs enfants, on pourrait ...
   d Beaucoup de jeunes femmes hésitent à avoir des enfants ...
   e Pas mal de mères travailleuses ...

Projets pratiques

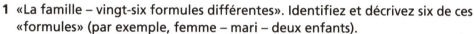

1 «La famille – vingt-six formules différentes». Identifiez et décrivez six de ces «formules» (par exemple, femme – mari – deux enfants).

2 La baisse du taux de natalité est un phénomène récent. Il y a deux facteurs précis qui jouent un rôle déterminant sur le désir de maternité:
   • le désir de faire carrière après des études longues
   • la fragilité des couples.
   Cherchez dans le texte des faits et des arguments pour illustrer ces facteurs. Ajoutez vos propres opinions et impressions. Refaites l'article en soulignant ces aspects sociaux pour expliquer la baisse du taux de natalité.

3 Après avoir fait cette analyse, discutez avec un(e) ou plusieurs partenaires de la proposition:
   «Le salaire maternel ou parental – meilleur moyen de reconstruire la famille.»

4 Ecrivez un paragraphe sur la famille et l'éducation des enfants du point de vue de chaque profil qui suit:
   • une mère «traditionnelle» qui veut pouvoir rester au foyer
   • une mère «moderne» qui veut poursuivre sa carrière
   • un père «traditionnel» qui travaille à l'extérieur de la maison
   • un père «moderne» qui veut rester au foyer pour permettre à sa femme de poursuivre sa carrière.
   Donnez leur point de vue sur les avantages, les inconvénients, les difficultés du mode de vie qu'ils ont choisi ou qu'ils veulent adopter.

«Et pour finir ...»

«Des lois existent pour réprimer la discrimination directe, mais la discrimination indirecte est toujours très répandue.» Un magazine français vous invite à commenter ce jugement, ou à rendre compte de vos expériences personnelles de discrimination indirecte (homme-femme, jeune-vieux, diplômé-non diplômé, etc.).

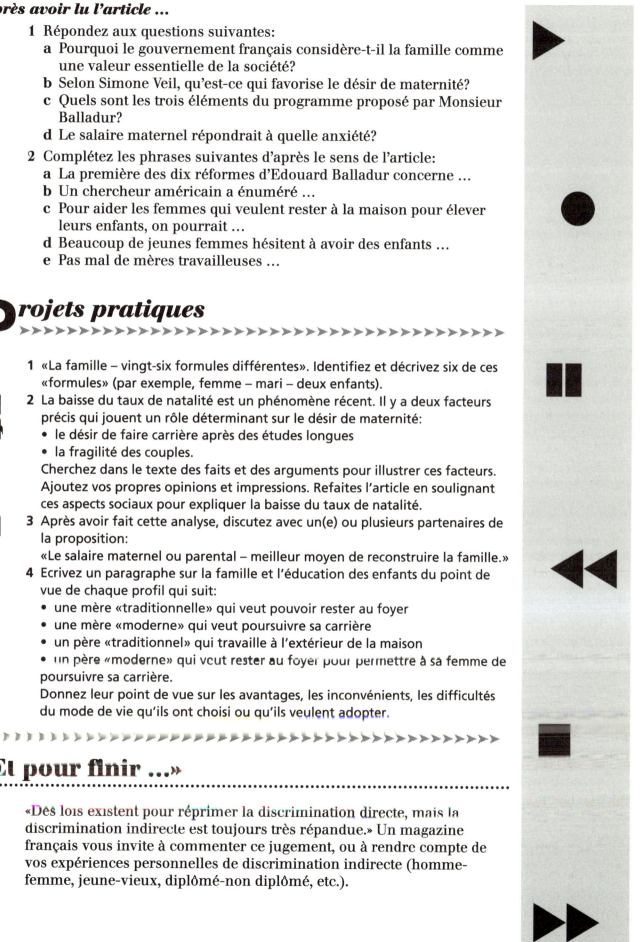

«SAVOIR-FAIRE»

Practical skill development for working with French

 DICTIONARY USE

Introduction

Dictionaries can either be a source of fascination or sheer frustration depending on the use you are making of them. Whether you are simply browsing through for amusement or desperately searching for the meaning of a word, dictionaries quickly reveal themselves to be a source of choices not answers, especially as you progress in your work and start to use more complex bilingual or monolingual dictionaries.

There are some ground rules which can help you make the best use of the dictionary. The aim of this section is to outline some of these rules.

Dictionaries can be used both for looking up words you don't know (either English to French or French to English), or simply to check and verify what you have already written. This section will look at aspects of both of these uses in detail. Dictionaries are also useful for finding synonyms if you are attempting to enrich the vocabulary you have used in order to make your style more interesting.

Firstly, however, it is important that you are aware of the 'headword' concept which is the basis on which all dictionaries are compiled and enables an alphabetical order to be established.

Headwords

When you look up a headword such as *œil* or *eye* in the dictionary a huge variety of related words, expressions and meanings are also provided. Careful searching will often be needed if you are actually searching for one of these related words rather than the headword itself. Each dictionary has its own way of dividing up and listing all the possibilities, but most use sub-headings and bold type to help you as you scan the columns. Alternative meanings of the same word are normally numbered and grouped together. Compound words (e.g. *eyesight, eye-opener, œil-de-bœuf*) are usually in a section at the end of the headword listing, assuming they are not headwords themselves.

To look at this the other way round, it is important to realise that if you cannot find *eyesore* as a headword then you should try *eye* or *sore*.

Be aware also that conjugated parts of verbs such as *(je) suis, (il) sera* or *(ils) enverraient* are not usually listed as headwords. The headword for verbs is usually only the infinitive (see below). Similarly, headwords for nouns are usually given in the masculine singular form only (see below).

▌▌ Section One: Checking what you have written

The most straightforward type of checking is to verify :

    (i) correct spelling   [professionnel? proffessionnel? professionel?]
    (ii) accents   [évènement? événement? bateau? bâteau?]
    (iii) genders of nouns   [le parapluie? la parapluie?]

Some nouns have a different meaning with each gender, so check carefully.

    e.g. le poêle   stove, burner
          la poêle   (frying) pan

          le tour   tour (Le Tour de France)
          la tour   tower (La tour Eiffel)

Large dictionaries are very sophisticated and a lot of information can be obtained from them. Every dictionary has its own system of indicators to show the features of each headword and it is advisable to check what system is being used by studying the introduction. The basics are however common to most editions. You need to know and recognise main parts of speech, such as noun, adjective, adverb and verb. The notes which follow outline some of their characteristics from the point of view of checking for information in a dictionary when doing translations from English to French (proses) or when writing essays in French.

A Nouns

Dictionary indicators: *nm* (masculine noun); *nf* (feminine noun)
Characteristics: Nouns are divided into two gender groups in French, shown by the use of *nm* (masculine) and *nf* (feminine). Genders do not always have a logical link with the meaning.

    e.g. *une voiture, un bateau*
          une victime – always feminine whatever the sex of the person involved
          un individu – always masculine whatever the sex of the person
                  involved.

The dictionary also provides you with the spelling of the plural where this is unusual and the spelling of the feminine version if this exists.

    e.g. **jeu** *nm, pl -x*   (plural: *jeux*)
          festival *nm, pl -s*   (plural: *festivals,* not *festivaux*)
          acteur *nm ; voir actrice nf* (Feminine: *actrice* is a headword in its own right since we are directed to look it up separately [*voir*])

Note that some words which used to be neutral and had only one form (masculine), now are often seen and heard with both masculine and feminine articles *(le, la, un, une)*

    e.g. *le* or *la professeur, le* or *la médecin, le* or *la député, un* or *une enfant*

B Adjectives

Dictionary indicator: *adj*
Characteristics: Since adjectives describe nouns, they also harmonise their spelling in many cases with the gender and number (singular or plural) of the noun. The dictionary provides the masculine singular spelling as the headword, but also gives information about how the other forms are spelt.

    e.g. **beau** *m (ou* **bel** *devant un nom commençant par voyelle ou h muet),*
          belle *f,* **beaux** *pl adj : les belles dames et les beaux messieurs ; un beau jour ; la belle vie.*

Note also the possibility of other meanings in context. For example how would you translate:

    il a attrapé une belle bronchite
    une belle gifle
    un beau menteur?

Examples within the listing will also show whether the adjective is normally placed before or after the noun.

e.g. ***méchant*** *-e adj: ce n'est pas un méchant homme* (he is not a bad man).

Occasionally a different meaning results from placing the adjective in a different position

e.g. *un bon enfant* a good child

un enfant bon a generous child

un chien méchant a fierce dog

C Adverbs

Dictionary indicator: *adv*

Characteristics: Adverbs, as their name implies, add an extra descriptive element to verbs. Unlike adjectives, the adverb does not alter its spelling in any way and remains unchanged (*invariable*) whether the verb is singular or plural or referring to something masculine or feminine. Many adverbs end in *-ment* and come from the feminine spelling of an adjective.

e.g. *lent, lente – lentement*

courageux, -euse – courageusement

Others have their own origins and spelling:

e.g. *bien, mieux, vite*

D Verbs

Dictionary indicators: *vt, vi, vpr**

(i) A discussion of tenses is outside the scope of this guide, but most large dictionaries now have lists of verbs and tenses. Indicators tell you if the verb is 'regular' or not. Normally the headword is the infinitive of the verb.

(ii) For checking purposes, use the dictionary to tell you what prepositions the verb uses with a following infinitive. There are three main possibilities:

a) with *à*   e.g. *il a réussi à faire ses devoirs*

b) with *de* e.g. *il essaya de tout manger*

c) none   e.g. *il savait le faire*

A few verbs use more than one construction, so check the examples carefully. Often the use of a different construction indicates that the meaning has changed slightly:

e.g. *(se) décider à* or *de*   (Check in your dictionary to see how the meaning of this verb shifts in intensity according to the construction being used.)

(iii) Study the examples of each verb you look up to check which prepositions you should use if the verb takes an indirect object (intransitive)*. The indicators will help here (*vi / v intr*), but note also the common abbreviations for *quelque chose (qch)* and *quelqu'un (qn)*.

e.g. *demander à qn de faire qch:*

il demanda à son ami d'accompagner sa sœur

il lui demanda de l'accompagner

mentir vi   to lie   *à qn* [to sb]), ***sur*** about:

il lui a menti sur ses résultats

*Note: *vt* or *v tr* stands for 'transitive verb' – a verb taking a direct object (i.e. no preposition in front of the object)

vi or *v intr* stands for 'intransitive verb' – a verb taking an indirect object (i.e. needs a preposition in front of the object)

vpr or *v refl* stands for a verb which needs a reflexive pronoun

(iv) When checking verbs, the tables at the back of the dictionary are useful. Make sure your subject is paired with the correct form of the verb in whichever tense you have chosen. This is less easy to spot perhaps when your subject is a noun than when it is a pronoun:

e.g. *il est rentré*
>*mon père est rentré*
>*ils ont bien travaillé*
>*mes frères et mes sœurs ont bien travaillé*
>*mon ami et son frère ont bien travaillé*
>*elle a chanté*
>*ma tante a chanté*
>*ma mère et ma tante ont chanté*

▮▮ Assignment 1

The passage below contains errors which can be corrected by reference to a dictionary, rather than by reading a grammar book. Write out the passage correcting the errors and then compare your version with the original correct version, which is on page 110.

Le dimanche est chez nous comme partout un jour de dètente. Les divers activites, amoindris, adoucies par l'absense de horaire rigoureuse et de travails urgents, prennent un air de vacance. La vie rallentit, passe a une rhythme plus calme et plus agreâble.

Le matin, nous nous levons beacoup plus tard. Et particullièrement ce dimenche-la, à cause de la concert de la vielle qui a racourci la nuit du cité. Seul ma mère s'est levé avant tous le monde et deja, dans le cuisine propre et bien rangé, préparent nos cafés aux lait, au fur et à mèsure que nous arrivons, les yeux encore plein de sommeille, les chevaux embrousaillés.

▮▮ Section Two: Checking transfers of meaning

As was said in the introduction, dictionaries are books of choices rather than answers. Words have meaning only in context and in association with the other words in the group they are in. In extreme cases, the meaning of the whole group is the opposite of the apparent meaning – but almost everyone knows what you mean despite this!

e.g. Ending a letter with 'I can't wait to see you again' is deemed to mean you are looking forward to the meeting. The words themselves do not actually say that however and could be misinterpreted by a non-native speaker.

'*Ça fait longtemps depuis que je ne t'ai pas vu*' is rather nonsensical if taken literally, and there are few people who think what they are really saying when they ask for '*pommes frites*' with their steak.

Think too of simple words like *bat, bill, fly.* They have different meanings according to the context and can even change from noun to verb. The paragraphs which follow outline a few of the pitfalls you should be aware of.

A Looking up words which 'depend on what you mean'

When you are translating from French into English, the context is usually clear and you can make a sensible choice from the list of words offered in the dictionary since you know most of the possible meanings and can judge whether they fit.

e.g. If you have to look up *vol*, then it will usually be possible to choose correctly between *flight* or *theft*.

When translating into French from English however, the choice is much harder since the meanings of the French words listed for you are less well known.

e.g. under the headword *bat*, do you choose from the list *chauve-souris* or *raquette*? If you are not sure then you will have to cross check. If the context of the word *bat* is in the phrase '*off your own bat*', then even more care is needed to find '*de votre propre initiative*'.

The basic rule is to take full account of the context and of the whole phrase you are dealing with and to look carefully at, and cross-check, the French possibilities offered.

It is very important of course to be sure that you do know the correct meaning of the English word you are looking up in the first place.

e.g. Is the 'fence' you are looking up a boundary marker or a receiver of stolen goods?

B Looking up words which 'don't make sense'

When translating from French into English, you may find that the 'normal' meaning of a word you thought you knew does not seem to fit. Look up to see if there is a less common alternative meaning.

e.g. *bateau* can mean the place where the roadside kerb has been lowered in order to allow cars to enter a driveway. Thus '*stationner sur un bateau*' may not mean what you first thought and may fit the context better when translated as '*park in front of a driveway*' rather than '*park on a boat*'.

Similarly, a *chemise* can contain documents; you can sit on a *salon*; an *exercice* can mean a *financial year* and a *serviette* could be something to wipe your hands on or something to take your *chemises* to the office in! (Check *chemise*, *salon* and *serviette* in your dictionary.)

Try looking up '*poser un lapin à qn*' and find the French for '*to take someone for a ride*'.

C Looking up words which 'aren't there'

Verbs

Looking up parts of verbs in a dictionary can be a problem. Sometimes they are not there since, in general, dictionaries only use the infinitive of verbs as headwords. You cannot normally look up conjugated parts of verbs in the main section, so first you have to work out what the infinitive is.

e.g. *réussit, suis, ai, êtes, put, sut, croyait,* and so on, will not normally be listed in the main section in the form of headwords.

You must look up the infinitive or check the verb tables where these forms can be found if you search in the right place. In most cases the infinitive can be fairly easily worked out, but sometimes the clues are not easy.

e.g. Does *plut* come from *pleuvoir*? *plaire*? *plaindre*?

Does *crut* come from *croire*? *croître*? *craindre*?

Does *dut* come from *devoir*? *dire*? *donner*?

Remember that thinking carefully about the context will usually give you a good clue. However, some searching in verb tables may be necessary. Once you have discovered the meaning of the verb itself then you will of course have to 'restore' the tense of the conjugated part.

e.g. *serra* comes from *serrer* meaning

(i) *to shake* in the phrase *il lui serra la main*

(ii) *to keep to* in the phrase *la voiture serra à droite*

(iii) *to clench* in the phrase *il serra les dents*

serra therefore means *shook*, *kept* or *clenched* when the tense is applied.

Adjectives and nouns

Similarly, remember that feminine or plural forms of French adjectives and nouns will not always be listed as headwords, so you will have to work back to find the original masculine singular form which is the usual headword in most dictionaries.

e.g. *belles* comes from *beau*

bonne comes from *bon* (adj) but *bonne* (nf) is a maid and can be looked up

yeux comes from *œil*

A similar phenomenon exists in English, but the number of changes to the headwords is much less and should cause you no difficulty.

▌▌ Assignment 2

Read the text below and then, using your dictionary, find the meaning of the the words which have been emboldened. Give the correct meaning in the context and then, by the side, give another meaning which would be inappropriate.

e.g. *campagne* campaign (correct) countryside (incorrect)

Raymond Savignac

*A 86 ans, Raymond Savignac est toujours **en haut de l'affiche**. Sa dernière création **bénéficie** d'une vaste campagne sur les murs de la capitale, les **flancs** des autobus, dans les stations de métro. L'affiche de Savignac devrait donner envie **de s'abonner au câble**. Il avait d'ailleurs imaginé ce slogan «Abonnez-vous au plaisir» au-dessus d'un **poste** de télévision d'où **jaillit** un arc-en-ciel en **train** de **tendre** la main à un bonhomme **aux anges**.*

*Mais Jacques Séguéla, qui lui a commandé ce travail, préféra le style **opération coup de poing** avec «Câblez-vous» en lettres capitales. Dans son **atelier** de Trouville, où il s'est installé en 1979, le plus célèbre des **affichistes** français, ancien assistant de Cassandre, **lancé** en 1949 par sa fameuse vache Monsavon, nous a parlé de sa longue **carrière**. C'est une extraordinaire leçon de jeunesse et d'enthousiasme de la part d'un autodidacte de la '**pub**' qui a **de l'esprit** **à revendre**.*

Le Figaro

Correct version of Assignment 1 passage

Le dimanche est chez nous comme partout un jour de détente. Les diverses activités, amoindries, adoucies par l'absence d'horaire rigoureux et de travaux urgents, prennent un air de vacances. La vie ralentit, passe à un rythme plus calme et plus agréable.

Le matin, nous nous levons beaucoup plus tard. Et particulièrement ce dimanche-là, à cause du concert de la veille qui a raccourci la nuit de la cité. Seule ma mère s'est levée avant tout le monde et déjà, dans la cuisine propre et bien rangée, prépare nos cafés au lait, au fur et à mesure que nous arrivons, les yeux encore pleins de sommeil, les cheveux embroussaillés.

Lucien Guy Touati, *Et puis je suis parti d'Oran*
Castor Poche Senior Flammarion (107) p111

 NOTE-TAKING

Taking notes is a form of summarising or selecting the most important points from a source. The source may take various forms; for example:

1 a written report
2 a discussion (or meeting) which you cannot see (radio, taped)
3 a discussion which you can see (conference, video, tv, group discussion)
4 an interview you are conducting
5 a telephone call.

The speed with which you have to make your notes will depend on the circumstances.

- A written text will not usually involve you in time pressure since you can go back over it several times.
- A discussion may involve considerable pressure since you may hear everything only once and not be able to interrupt and ask for clarification or repetition.
- A video or taped recording may allow you to hear the discussion more than once and thus reduce the pressure to note all the necessary facts in one go.
- An interview or a telephone conversation in which you are participating can be conducted at a pace over which you have some control. You can introduce pauses and ask for clarification.

The circumstances under which you may have to take notes may thus vary considerably. These will affect both the quantity and quality of the notes you can take. In order to make the task as efficient and as effective as possible, try to observe the suggestions which follow:

1 Be clear before you begin what the end purpose is of the notes you are taking.
   e.g. Do you need a list of facts only?
   Do you need to write up your notes into a continuous prose report afterwards?
   Which language do you intend to report back in?
2 Where possible, prepare a spaced list of headings and subheadings on your note pad before you start. Leave plenty of room between them so that you can add points if they occur in an unexpected order.
3 Where speed is important, develop strategies for reducing the amount of time it takes to write out words or phrases.
   e.g. key words can be abbreviated to one or two letters, common link words can be omitted or reduced to symbols.
4 Always write up notes as soon as possible afterwards when there is no original text or transcript available to refer back to.
5 If a record is being kept of a group discussion then the note-taker or scribe should not take part in the discussion. Taking part and recording at the same time is extremely difficult.

Do not be too purist about the language you take notes in when the discussion is in the foreign language. Often it is easier to take the notes in French since that is what you are hearing. Trying to translate simultaneously may slow you down. If however the English word occurs to you immediately and is shorter, then do use it. Mixed language notes can be sorted out later when you are writing up the final version.

The most important tip is to develop your own techniques in order to achieve clear, fast and accurate notes which will faithfully reflect the content of the original source.

⏮ SUMMARISING

Why summarise? In order to convey the message as effectively and as briefly as possible (!).

Examples: Headlines. Conclusions. Recommendations. Rules & Regulations. Notes. Action points. Soundbites.

Many of the above examples do not concern you here, but nonetheless illustrate the spirit of what a summary is designed to achieve. In the world of work, very often long reports based on months of observation and research may lead to very simple conclusions. The supporting evidence and arguments may not be necessary to the end-user. The final result, answer or recommendation for future action is what counts.

The short description on the inside cover of a book will often determine whether you purchase the book or not. The inclusion or omission of certain information in a report may influence in a fundamental way decisions subsequently taken by the person to whom you submit your summary. The importance you give to some facts rather than others may have a positive influence, a negative influence or betray a bias which is unacceptable or even unwitting.

Such considerations are fascinating in themselves but here we are concerned with producing either balanced (neutral) summaries or, if required, summaries which are influenced by a specific brief or set of instructions.

Preparing a summary of an article or document will involve you in
• reduction of length
• selection of important points
• prioritising of information.

Each of these processes is dependent on your target audience, on the use you wish to make of the information and on the form in which the original version is constructed.

Let us examine the three factors above in turn, not forgetting that in reality they overlap and interlock.

⏸ Reduction of length

In one sense this may be seen to be artificial when expressed in terms of maximum number of words allowed. However when the boss issues instructions that s/he wants a summary of a report on one side of paper only then the summariser is faced with a challenge.

There are mechanical ways of reducing length such as eliminating unnecessary adjectives, adverbs and redundant phrases which are present in the original only to cue in a point. These will vary depending on whether the source is written or spoken and on the style used in the original.

In the article reproduced below, *L'Europe prise à la gorge*, expressions such as the following need not be included in the summary. They are pointers or stylistic features only:

Paragraph   **1** *Existe-t-il vraiment...*
           2 *Un seul point est clair...*
           3 *Et, dans cette affaire...*
           4 *(Renault) ne parle-t-il pas de...*
           5 *Il faut admettre que...*
           6 *Autre astuce...*
           7 *A vrai dire...*
           8 *Pas d'illusions donc...*

Unnecessary adjectives and adverbs abound; but be careful, others may be very necessary. In paragraph one «*vraiment*» and «*entre-temps*» may be omitted but a contrasting pair such as «*il y a*» *(deux mois)* and «*maintenant*» may be useful. In paragraph two «*totalement*» and «*D'ici là*» are important, but «*au niveau de*» and «*de fait*» can be omitted.

Depending on the brief it is usually safe to omit examples and statistics. More significantly, in paragraph three you can omit all the information in brackets with only minimal loss to the essential information contained there. In other cases figures and surveys can be reduced to words like 'most', 'few', 'small minority', 'nearly half'.

▮▮ Selection of important points

This will depend on what is important to the end-user and on the instructions or brief you are given. The brief in the example on page 114 is fairly neutral. However an instruction such as:

'What are the main strategies employed by the Japanese to overcome European resistance?' would produce a different selection of points from the instruction:

'Why is European resistance not very effective in stopping the increase of Japanese penetration of the market?'

To test this, make a list of the points in the article which would be appropriate to the two briefs above and compare your lists.

▮▮ Prioritising the information

Your priorities for including facts will depend on the length you are permitted, and on the use to be made of the information. Most articles or papers will contain varying amounts of:
- introduction and preamble or background
- repetition
- examples or evidence to illustrate points
- statistics to support conclusions
- main arguments.

The shortest summary will concentrate on the final category and eliminate as many as possible of the rest.

▮▮ Assignments

a) To test out the advice given above, summarise the article on the following page in the ways indicated below. Compare your own results for each brief and compare your results with those of other students.

   1 Provide a title in English of not more than ten words.

   2 Reduce the article to one paragraph of 50 words

   3 Reduce the article to not more than 175 words.

In all the tasks above, assume a neutral standpoint.

b) Now study the two examples on page 115 of summaries submitted by students who wrote them under examination conditions. They were instructed to reduce the contents to 170-180 words. Discuss the differences with your fellow students and award marks to each summary out of 40 using your own criteria. Discuss with your tutor why you have given each mark.

Background and brief: You work for a British car-manufacturer and your Managing Director is about to meet his/her counterpart from Renault to discuss a common European strategy towards Japanese car imports. You have just noticed this article in a French weekly magazine and decide that a summary of the main points would be very helpful to your MD before his/her forthcoming meeting.

L'EUROPE PRISE A LA GORGE

Existe-t-il vraiment un accord sur l'automobile entre l'Europe et le Japon? Raymond Lévy, le patron de Renault, qui qualifiait le compromis de *'convenable'* il y a deux mois, parle maintenant de textes *'imprécis, pour ne pas dire ambigus'*. Le *Financial Times*, qui révèle des clauses secrètes, écrit que l'on serait plus inspiré d'évoquer un *'désaccord'* plutôt qu'un *'consensus'*. Entre-temps, des prévisions alarmistes circulent sur l'offensive japonaise. Comme si l'accord était déjà enterré. Ce qui serait proprement impensable, tant les enjeux de cette bataille industrielle sont énormes.

Un seul point est clair: après une période de transition de huit ans, le marché européen sera totalement ouvert en l'an 2000. D'ici là, les Japonais sont supposés bloquer leurs exportations au niveau de 1,23 million de véhicules par an, et se sont engagés à ne pas prendre pour cibles les marchés les plus vulnérables (France, Italie ...). Mais il y a dans l'accord des vides inquiétants: sur un point aussi important que le volume de la production des usines japonaises en Europe, les Européens assurent qu'elle sera, de fait, limitée autour de 1,2 million de véhicules. Les Japonais, eux, affirment n'être liés par aucune promesse.

Et, dans cette affaire, les intérêts des Européens sont loin de coïncider. Le Royaume-Uni défend les Japonais installés chez lui. L'Allemagne, protégée par un accord bilatéral secret (limitant à 15% la part des Japonais sur son marché), ne voulait guère aller au-delà, et y a réussi (la part des Nippons en Europe n'excéderait pas 16% en 1999). Les petits pays (Pays-Bas, Danemark ...) ne se soucient guère de l'origine des voitures. Et les Latins (France, Italie, Espagne ...) font de la résistance.

Pour les constructeurs européens – mais aussi pour Paris – le succès de l'accord dépend en effet d'une surveillance sans relâche des marchés. Il dépend aussi de mesures fiscales, techniques et autres. Car le redressement de l'industrie européenne ne se fera pas sans peine. Renault ne parle-t-il pas de licencier 40% de ses effectifs d'ici l'an 2000, c'est-à-dire d'autant que de 1978 à aujourd'hui?

Il faut admettre que tout en respectant la lettre de l'accord, les Japonais disposent de mille moyens pour en tourner l'esprit. D'abord en forçant sur la production de leurs transplants en Europe. Autre astuce: produire à partir de pays totalement ignorés dans l'accord; par exemple, des Etats-Unis, qui, préoccupés par leur énorme déficit commercial, les y encouragent vivement. Il y a aussi les pays de l'Est, dont la menace est considérée comme la plus sérieuse à Bruxelles.

A vrai dire, les Japonais ont pris l'Europe au collet et peuvent serrer à leur guise. Petit rappel: il faut dix-sept heures au Japon pour produire une auto, et trente-six en Europe. Et les Japonais ne cessent de progresser. Ça ne va pas être facile, pour les constructeurs européens, car il leur faudra tirer sur des cibles en mouvement.

Pas d'illusions donc. Si l'on ne contient pas les Japonais, ils auront tôt fait de 'sinistrer' l'industrie automobile européenne, comme ils l'ont fait de l'industrie automobile américaine.

Le Point,
(500 mots)

Example 1

Europe – grabbed by the throat

The existence of European–Japanese agreement is in question. Raymond Lévy, head of Renault, who 3 months ago thought it acceptable, sees many loop-holes. The Financial Times, would rather write about discord on this matter. Some are forecasting a Japanese attack – the stakes are huge.

After 8 years of change, the European market will be open in the year 2000. Europeans are sure that Japan will limit production to 1.2 million but the Japanese say they aren't bound by their promise. The Japanese should not take on vulnerable markets in the future like France and Italy.

The Europeans' interests are different: the U.K. defend them, Germany doesn't want to break their agreement (Japan will not exceed 16% of market-1999). Small countries don't care where their cars originate (e.g. Denmark). Also the countries like France and Spain are trying to resist.

European builders should keep an eye on the markets without becoming lax. It also depends on tax measures (e.g. technical). The European industry will not get far without effort. Renault considered laying off 40% workers up to 2000 A.D. (as much as from '78–now).

(End of marking for content)   (185 words)

The Japanese keep to the letter, not the spirit – one trick is producing in uninvolved countries e.g. U.K. – preoccupied with their deficit, are happy + Brussels is the worst 'Eastern' menace.

The Japanese have Europe by the noose and can tighten it when they please. It takes 17 hours to build a car in Japan; 36 in Europe. Japan keeps progressing and so they are hard targets for European builders.

We can't let Japan control the market as they have done in America.

Note: Candidate claimed 187 total words.

Example 2

Europe taken by the throat

Is there a Europe–Japan agreement on cars? Head of Renault calls it "vague, unclear", others "a Disagreement". The stakes of this battle are huge. By 2000, Europe will be totally open. Before then Japan must keep exports at 1.23 million cars/year, and not target vulnerable markets. There are flaws in the agreement – Europe thinks Japanese factories here are limited to 1.2 million/year, but Japan doesn't think so. Europe does not agree as a whole. UK defends its Japanese factories. Germany has a secret agreement, Holland, Denmark don't care where their cars are from and France, Spain, Italy are resisting. Success of the agreement depends on surveillance of the markets, and economic measures. The industry will feel pain: Renault speaks of 40% redundancies by 2000. Japan has many tricks to escape the agreement. Raising production in Europe – or to produce in countries where there's no agreement e.g. U.S. or the East. It's a threat taken seriously in Brussels. Japan has taken Europe by storm, and they're still advancing. If we can't hold them off, our car industry will go like the one in America.

📝 FORMAL LETTER-WRITING

When you sit down to write a business letter in your own language, it is important to choose a level of style, tone or register which is appropriate. This will vary depending on whether you are writing to a friend, an acquaintance, a relative, a client or a company where you may have no personal contacts. The preliminaries – writing the name and address of the person you are writing to (at least in commercial letters) – also prepare your mind to choose the appropriate level of formality or informality.

Letter-writing is an unusual task in that the recipient or end-user is so obviously identified.

The two beginnings of letters below illustrate this. Compare and contrast the styles used and analyse what they tell you about the relationship between the writers and the receivers. Describe each of the relationships in a short paragraph.

```
The Managing Director,
V.S.P. Ltd.,
Brompton Road,
London


1 April 1999

Dear Sir,
  Thank you for your letter of the 28th instant which we
received today. I too would like to express my satisfaction
concerning the meeting on the 20th and my confidence that it
will lead to a closer cooperation between our two firms...
```

```
                                         Sunday, 4th June 1999
Dear Jim,
  Many thanks for your note. It was great to see you on
Thursday and I look forward to getting together again soon to
work on the idea...
```

When writing in someone else's mother-tongue, judging the level of style to use is much more difficult. Since you tend to learn every day conversational style when starting to acquire another language, writing informal letters is not a problem; you can write these more or less as you have learned to speak.

You may however find it more difficult to make your writing in French more formal and thus more appropriate to serious letters or business correspondence. This guide will provide you with the basics of the necessary style for this task.

▮▮ Part One – The layout

The standard layout for a French business letter using the more modern paragraphing *à l'américaine* is set out below. Study the plan and the example phrases which follow it.

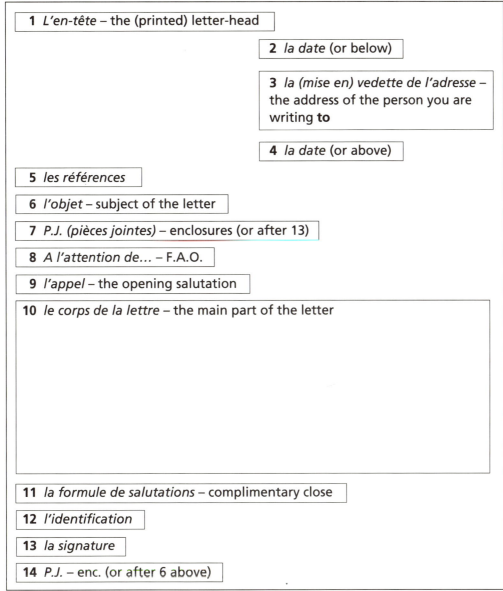

| **1** *L'en-tête* – the (printed) letter-head |
| **2** *la date* (or below) |
| **3** *la (mise en) vedette de l'adresse* – the address of the person you are writing **to** |
| **4** *la date* (or above) |
| **5** *les références* |
| **6** *l'objet* – subject of the letter |
| **7** *P.J. (pièces jointes)* – enclosures (or after 13) |
| **8** *A l'attention de…* – F.A.O. |
| **9** *l'appel* – the opening salutation |
| **10** *le corps de la lettre* – the main part of the letter |
| **11** *la formule de salutations* – complimentary close |
| **12** *l'identification* |
| **13** *la signature* |
| **14** *P.J.* – enc. (or after 6 above) |

▮▮ Part Two – Observations

1 & 3 The address

The most striking difference between the French and English layouts is the positioning on the right of the address of the person or company to whom or to which you are writing.

2 & 4 The date

There are two common positions as indicated.

In French, the date is preceded by the name of the town that you are writing from. (Usually capital letters are not used for days and months, but under 'anglo-saxon' commercial influence this is now more common.) There are two styles:

e.g.   **(a)** Oxford, le (jeudi) 21 novembre 1999

               (b) Oxford,
                       le (samedi) 23 novembre 1999

7 *The opening salutation*

Generally the opening salutations are more formal than their equivalents in English. It is always better to play safe even if you are writing to someone whom you may know or to whom you have written several times. Follow the guide below and you will not offend anyone.

Messieurs	(Dear Sirs)	to an organisation or firm.
Monsieur Madame }	(Dear Sir) (Dear Madam)	to an individual (whether or not you know their name).
Monsieur le Directeur		titles should be used if known.
Cher Monsieur Chère Madame }		to an individual whom you know and when you are sure that no formality is required.

Note: These last two are the equivalent of 'Dear Mr Smith' etc. They are not the equivalent of 'Dear Sir' etc. If you feel that this is still rather formal, but that you cannot write *Cher Jean/Chère Jeanne* or *Cher ami/Chère amie*, then use *Cher/Chère Collègue* if you are in the same line of work.

Do not use *Cher Monsieur Martin*; this is patronising and is used by superiors to subordinates. Occasionally however it is seen in those over-jolly and over-familiar advertising mailshots which are persuading you to buy things that you have never heard of; these also often end in *'Sincèrement'*. Do not imitate!

10 *The main part of the letter*

The style of the main part of a formal letter has two features which greatly influence the choice of phrasing that you should choose: formality and (excessive) politeness or attenuation. Both of these features are greatly reduced in informal letters. In order to illustrate this, the set formal phrases which have been chosen as examples below have all been paired wherever possible with an equivalent phrase written in a more relaxed and therefore direct style. You will need to collect your own bank of phrases appropriate to the type of letter you need to write. The examples below will get you started. They illustrate the relative complexity and 'floweriness' of the style that you must now adopt, even though the results will seem very stilted to a British eye.

a) **Opening phrases**

Nous vous remercions de votre lettre du 17 juin…
Nous (vous) accusons réception de votre courrier du…
[Merci de ta/votre lettre…]
Comme suite à notre conversation téléphonique…
Comme suite à votre appel téléphonique…
[Après ton/votre coup de fil…]

b) **Asking for things**

Nous vous serions reconnaissants de bien vouloir nous faire parvenir une liste de vos prix.
[Pouvez-vous m'envoyer une liste de vos prix?]
[Peux-tu me dire combien ça coûte?]
Veuillez nous indiquer vos meilleurs délais de livraison.
[Je te/vous prie de me l'envoyer aussi vite que possible.]

c) **Apologising**

Nous vous prions de nous excuser de répondre si tard à votre lettre.
Nous avons le vif regret de ne pas avoir pu répondre plus rapidement à votre courrier.
[Désolé(e) de ne pas vous avoir écrit plus tôt…]
L'erreur dans la commande était due à des circonstances indépendantes de notre volonté.
[Ce n'était pas de notre faute.]

d) **Enclosing**
Nous vous prions de trouver ci-joint…
[Je vous envoie…]

e) **Arranging a meeting**
Nous aimerions vous rencontrer lors de votre prochain passage à Londres…
Nous voudrions bien faire votre connaissance la prochaine fois que vous passerez par Paris.
[J'espère que vous viendrez me voir quand vous serez à Paris.]
Veuillez prendre rendez-vous en vous référant à ma secrétaire…
Nous vous prions de vous présenter à nos bureaux pour une entrevue le…
[Venez me voir à mon bureau.]

f) **Threats**
Au cas où votre règlement ne nous parviendrait pas avant la fin du mois, nous nous verrions obligés de…
[Si vous ne payez pas avant la fin du mois, nous devrons…]

g) **Complaints**
Nous avons le regret de vous informer que…
Nous nous voyons contraints de vous signaler qu'il y a eu des erreurs dans la commande que vous nous avez expédiée récemment.
[Nous devons vous dire que…]
[Je dois vous dire franchement que vous vous êtes trompé quand vous m'avez envoyé les articles que j'ai demandés.]

h) **Compliments**
Nous avons le plaisir de vous exprimer notre entière satisfaction de la manière dont vous avez rempli la commande.
[Nous sommes ravis de ce que vous nous avez envoyé.]

Note: In the main part of a formal letter you do need to decide whether to use «*nous*» or «*je*». Generally «*nous*» indicates that you are writing on behalf of the firm you are working for. It is thus more formal and distancing than using «*je*». By using «*je*», you are taking more direct responsibility for what you are writing and you are becoming more personally involved. Mixing «*nous*» and «*je*» in the same letter is thus perfectly possible as long as you are aware of the effect that it has.

11 *Complimentary close*

a) Before you finally reach the very end of your letter you may wish to include one of the following phrases:
Dans l'attente de vous lire, je/nous…
Dans l'attente de votre (rapide) réponse, je/nous…
[J'attends votre prochaine lettre (avec impatience),…]
[Ecris-moi (bien vite).]
En vous remerciant d'avance, je/nous…
[Merci d'avance.]
Nous restons à votre entière disposition pour toute information/documentation complémentaire.
[Je peux aussi vous envoyer…]
Veuillez agréer, Monsieur/Madame, l'expression de mes sentiments les meilleurs/les plus distingués.
[Meilleurs sentiments]

b) In English, when you bring a letter to a close, the following pairings are considered to be correct:

Dear Sir(s)	is followed by	Yours faithfully
Dear Mr Martin	is followed by	Yours sincerely

In French, there is a greater variety of possibilities. Wherever possible, take your cue from the wording used in the letter you received. If you are the first to write, then pair the opening salutation and the closing formula as follows:

Messieurs	Veuillez ⎫ agréer, Messieurs, l'expression de nos
	Nous vous prions d' ⎭ sentiments (les plus) distingués.
Monsieur	as above, substituting 'Monsieur', or
	Je vous prie d'agréer/de recevoir/d'accepter/de croire à (l'expression de) mes sentiments les meilleurs/les plus distingués.
Cher Monsieur	Je vous prie de croire, cher Monsieur, à mes sentiments les meilleurs/bien cordiaux.

The longer and more complex the formula you choose, the more formal you are being.

12 & 13 *Signing off*

There are two main patterns, as below:

a) Le Directeur Commercial
[signature]
Jean-Pierre Bureau
b) [signature]
Jean-Pierre Bureau

▋ Part Three – Assignments

a) Go carefully through the phrases illustrated above and make a list of the synonyms which have been used under two headings as below:

	Formal		Informal
e.g.	nous faire parvenir	(send us)	nous envoyer
	expédier	(send)	envoyer
	signaler/indiquer/informer	(tell)	dire

b) Read through the letter opposite and analyse the style and layout in the light of the advice and comment above. What variations are there from the 'standard' described in this guide?

c) Write the original letter that gave rise to this reply. After writing it in a formal style, rewrite the letter in an informal style as if Jacques were a close friend, keeping as far as possible to the original content, but adding a few personal touches.

d) Go through as many French magazines as you can filling in the coupons in the advertisements which offer to send you further information and brochures. The replies will form the basis of a file of business letters, which you should try to build up and which you will be able to use as a bank of vocabulary and phrases.

CHAMBRE DE COMMERCE ET D'INDUSTRIE DE PARIS

DIRECTION
DE L'ENSEIGNEMENT
Relations Internationales

Le Directeur
J-PB/AD/3751

Monsieur G. M. Bishop
12 Meadow View
Oxford OX4 5EP
Great Britain

Paris, le 20 novembre 1998

Monsieur,

Je vous remercie pour votre courrier du 1er novembre et pour
l'intérêt que vous portez à notre nouvel examen, le
Certificat de français du tourisme et de l'hôtellerie.

Conformément à votre demande, vous trouverez ci-joint:
- 5 brochures examens
- 5 dépliants CFTH
- 1 brochure descriptive avec jeu témoin du CFTH
- 1 liste des aides documentaires que nous
  tenons à votre disposition.

Je vous adresse d'autre part, un dépliant sur les stages
d'été 99 qui peut-être vous intéressera.

Restant à votre disposition pour tous renseignements
complémentaires, je vous prie d'agréer, Monsieur,
l'expression de mes salutations distinguées.

Jean-Pierre BUREAU

⚐ TAKING PART IN A DISCUSSION

During class work or tutorials, and when you eventually use your French at work, you will frequently be invited to express opinions and to discuss topics. Some of the *Projets pratiques* in this book suggest ways in which a discussion might be started between two or more students. In some cases you may be one participant amongst several; in others you may be chairing or directing a discussion. These two roles are looked at in more detail below.

Some discussion, probably in the form of a question and answer exchange, will naturally follow on from presenting or explaining a document or brochure – expressions and vocabulary for this are suggested in the section entitled Making a Presentation. Where a freer and more open discussion is involved you will find the phrases below useful.

During your course you will be able to add extensively to these lists, so keep your notes organised in a form which will enable you to add further phrases easily.

❙❙ Chairing a discussion

When chairing or directing discussions, try to ensure that all those involved are able to express their views.

Don't be afraid to interrupt a dominant speaker or to invite someone else to speak.

If necessary, impose a time limit on any speech from those participating.

Try to keep a balance in the discussion if you can, by alternating contributions for and against. This is of course easier said than done, so don't worry if you don't succeed completely.

Finally, don't say too much yourself; concentrate on keeping the discussion moving, involving as many contributors as possible and summarising points quickly where appropriate.

The following phrases will help you:
– Merci (Alain), c'était intéressant. (Martine), qu'est-ce que vous en pensez?
– Voilà une opinion franchement exprimée – (Chris) êtes-vous d'accord?
– (Marie), vous n'avez rien dit; qu'est-ce que vous avez à nous dire?
– Est-ce que quelqu'un n'est pas d'accord avec ce que (Fred) vient de dire?
– (Richard) quelle est votre opinion sur ce sujet?
– Merci, (Bob), c'était très intéressant. Laissons parler quelqu'un d'autre maintenant.
– Bref, vous voulez dire que….

❙❙ Expressing your own views

The expressions below will help you introduce your views, counter the views of others, stop them interrupting you and enable you to interrupt them! Add new expressions to the list as your course progresses.

Introducing your own views

– Moi, personnellement, je pense que…
– Pour ma part, il me semble que…
– Mon opinion, c'est que…
– A mon avis/ à mon sens…
– Je suis convaincu(e)/persuadé(e) que…
– Je suis certain(e)/sûr(e) que…

Countering others' views

– Je suis d'accord avec vous, mais tout de même vous devez admettre que…
– Oui, d'accord, mais en réalité/en fait…
– Ça c'est vrai, mais…
– Pourtant/cependant/certes/en principe
– Si je comprends bien, vous pensez que…
– Certes, mais…

Preventing interruptions

– Mais attendez, laissez-moi terminer. Je disais que…
– Je suis désolé(e), mais…
– Je n'ai pas encore fini…
– J'allais dire quand même que…
– J'étais en train de dire que…
– Mais écoutez… je voudrais terminer.
– Si vous le permettez, je vais continuer…
– Je regrette mais…
– Excusez-moi, mais…
– Un instant, s'il vous plaît,

Interrupting others

Use some of the phrases above *against* the person you are interrupting and add the following:
– En principe vous avez raison, mais en réalité…
– Au contraire…
– Mais absolument pas! Ce n'est pas vrai!
– Mais revenons à la question initiale, si vous voulez bien.
– Vous croyez ça vraiment? Ce n'est pas possible!
– Je ne peux pas en croire mes oreilles!
– Mais vous plaisantez…
– Vous ne le croyez pas vraiment, n'est-ce pas?
– Mais vous vous moquez de nous… c'est vraiment ça, votre avis?

General note:

Prepare yourself as thoroughly as possible beforehand. In a discussion you may not have time to think out what you want to say, so be ready – otherwise you may not be able to get a word in edgeways.

MAKING A PRESENTATION

In the *Projets pratiques* sections, there are opportunities to introduce documents or brochures to your partners in order to stimulate discussion and exchanges of opinion. The guidelines below will help you introduce the item clearly and enable the discussion to proceed smoothly.

1 Be sure you have read the document carefully and that you are clear what information it is designed to convey.

2 Make a list of the main contents. For example a French holiday brochure might include the following sections:

Description générale de la région
Détails des grandes villes
Liste des monuments et sites
Liste des hôtels, gîtes, chambres chez l'habitant
La gastronomie locale
plus the usual photographs, plans and maps.

Similar lists can be drawn up for documents promoting particular products or ideas.

3 Your presentation should take the form of explaining briefly the contents and should allow time for the audience or single listener to ask you questions or to discuss any aspects that interest them.

4 Do not try to include all the details in your introduction since you will then not enable your listener(s) to participate or to become involved. Your listener(s) would anyway be swamped with facts and would not be able to retain as much as they would if given the chance to draw the details out of you.

Useful vocabulary to help you present and introduce the document includes:

ici à gauche/à droite
en haut/en bas
à la (première) page (…)
au verso
le titre, le paragraphe, la section
le plan, la carte, le graphique, le tableau
la légende, les données, l'information
la propagande, la publicité
la photographie, le dessin
les détails, les coordonnées, les dimensions
la gamme, l'échantillon
la spécification, les caractéristiques

If the document concentrates more on ideas than on facts, then many of the points made in the sections on Summarising and Note-taking will be helpful. The following phrases will help you to introduce the main themes:

Dans le premier paragraphe, on nous dit que
Dans la deuxième section, l'auteur explique que
En premier lieu/d'abord
En second lieu/ensuite
L'auteur commence/continue par aborder le sujet de
Ici il est question de/il s'agit de
En gros/en somme/donc
Pour conclure/en conclusion/la conclusion de tout cela c'est que
À mon avis/à mon sens/d'après moi

During your course, you will be able to add to this list of phrases which will enable you to put across someone else's point of view in order to stimulate discussion. Where appropriate, make use of overhead projectors (*un rétroviseur*) and other aids to presentation.

🔊 MAKING TELEPHONE CALLS

Introduction

Making a formal telephone call is a peculiar activity in both human and language terms. It falls half-way between a normal face to face conversation and writing an informal letter. The communication is verbal, contact and reaction are immediate but all normal non-verbal cues, or body language (e.g. facial expressions, gestures) are absent. The style of language tends to be more informal and spontaneous than in a letter since there is little time to choose one's words carefully. It is a combination of the loss of visual contact with the other speaker and the suddenness of the requirement to move into top-gear when the phone rings that makes telephone calls relatively stressful in a professional context.

This short guide aims to show how you can prepare to a certain extent even for unexpected phone calls. Calls you make yourself can of course be well prepared and the content can, to a large extent, be anticipated.

Telephone conventions

There are certain phrases and sequences of events which occur in most telephone calls and with which you can familiarise yourself beforehand, allowing you to concentrate on the specific details of your own call.

(i)   Identification of both callers

You will need one or more of the following phrases if you initiate the call:

Allô, je téléphone/j'appelle de France   ⎱de la part de [mon directeur]
                        d'Angleterre ⎰

Bonjour, c'est Madame Bishop, de la Société Vidocq en Angleterre

C'est qui à l'appareil?

Je voudrais parler à Monsieur Cavalié s'il vous plaît.

Pourriez-vous me passer Monsieur le directeur, s'il vous plaît?

Pourriez-vous me passer le poste 222, s'il vous plaît?

Je voudrais parler avec le responsable du Service (commercial, etc.) ⎱s'il vous
                        avec la réception   ⎰ plaît.

(ii) In reply, you may hear one or more of the following or you may need to use them yourself if you are receiving a call:

Allô, Société Desmoulins, j'écoute/à votre service…

Bonjour, monsieur/madame. Ici la Société Desmoulins.

Je vous le/la passe.

Le Service commercial est en ligne.

C'est de la part de qui?

C'est lui-même/elle-même à l'appareil.

(iii) If however there are problems, then you will have to respond to them:

Non, monsieur/madame, vous vous êtes trompé(e) de numéro/vous avez fait un faux numéro.

Quel numéro demandez vous?

Pouvez-vous répéter votre nom/le numéro/cela, s'il vous plaît?

Je ne comprends pas. J'entends très mal.

Excusez-moi, mais je ne vous entends pas très bien.

La ligne est très mauvaise.

Pouvez-vous épeler votre nom/cette adresse, s'il vous plaît?

Cela s'écrit comment?

It is important therefore to practise repeating telephone numbers and spelling out words.

Note: (i) Telephone numbers in France are given in pairs of digits, not as a string of single digits as in Britain. Thus 0865-254137 would be given as 08. 65. 25. 41. 37.

(ii) The French alphabet is pronounced as follows:

a – ah   b – bé   c – cé   d – dé   e – euh   f – eff   g – jé   h – ash   i – ee

j – jee   k – kah   l – ell   m – em   n – en   o – oh   p – pé   q – ku   r – air

s – ess   t – té   u – u   v – vé   w – double vé   x – eex   y – ee grec   z – zed

It is easy to be confused by the letters 'i', 'g' and 'j' when they are said in French.

(iv) Sometimes the person you wish to contact will be unavailable for some reason:

Je suis désolé(e) mais Monsieur Trolliet n'est pas là/est en déplacement/n'est pas disponible.

Madame Leclerc est sur l'autre ligne, pouvez-vous attendre/patienter un instant?

Voulez-vous ⎰ laisser un message
⎱ que je lui fasse une commission?

Préférez-vous peut-être lui envoyer un fax?

(v) You will need to respond appropriately:

Quand sera-t-il/sera-t-elle de retour?

Je rappellerai plus tard/cet après-midi/demain alors.

Je préfère ⎰ laisser un message
⎱ envoyer un fax.

Quel est votre numéro de télécopieur/fax?

Pouvez-vous me passer son associé(e)/assistant(e)/sa (son) secrétaire?

Voulez-vous bien lui demander de me téléphoner quand il/elle rentrera?

Ah bon! Merci. Pas de problème, ce n'est pas urgent. Je rappellerai plus tard.

(vi) Ending a phone conversation is fairly straightforward, but nonetheless important.

Pourriez-vous répéter cela s'il vous plaît pour que je puisse vérifier les détails?

Oui, c'est bien ça. Oui, c'est tout, merci.

Merci et au revoir.

Au revoir, monsieur/madame. A votre service.

If you are initiating the call then, of course, you will be able to prepare beforehand and perhaps have notes by your side of the details of the main part of the conversation – the hotel booking, the meeting arrangements, the order you wish to place, the information you are trying to obtain.

Occasionally you may find yourself speaking to a machine! You may hear the following:

Vous êtes en communication avec un répondeur automatique. Au bip sonore, veuillez laisser votre message.

Don't forget to leave your name and telephone number as well as a short message.

If the machine is a fax (*un télécopieur* or *un fax*) then you will hear the usual bleeps indicating that the fax is ready to receive. Your communication will in this case be a written one of course.

▌▌ Assignments

Practise the two examples of phone conversations below with a partner. To begin with, sit facing each other as you work out what both of you are going to say. As you grow more confident, turn round and sit back to back. Then, if possible, use an internal telephone system to simulate real telephone conditions.

Method

(i) Decide with your partner which of the two roles (caller or receiver) you are going to play first. The caller's role is given below, but the receiver's role has to be worked out by the person playing it. The receiver should prepare two or three variations so that the caller has to react spontaneously as well as obtain the information required in the caller's role.

(ii) To add authenticity and amusement, the receiver can also play the part of a slightly awkward switchboard receptionist who can put difficulties in the way of the caller before he/she finally gets through to the person he/she wishes to contact. The receiver might decide that the line is bad and ask for several things to be repeated; similarly deliberate mishearings or misunderstandings can also be used to try to make the caller's life difficult. Use as many of the phrases given above in the guide as you can, including wrong numbers.

(iii) As a final test at the end, the receiver should check that any information he/she gave to the caller has been taken down properly. The caller in return should check that the receiver took down the correct address and any other details.

Telephone conversation 1

The managing director of your company is going to Périgueux (in the Dordogne) on business and decides to take her/his family. There is a holiday village run by *'Village Vacances Familles'* nearby and you ring them in order to obtain more information. When you get through to the organiser, explain the situation, and ask:

1 What sort of accommodation *(hébergement)* is available and how many people can stay in each unit.

2 What sort of sporting facilities *(équipements sportifs)* there are on site both for young children and for adults.

3 What possibilities there are for cycling and walking excursions *(randonnées)* in the area.

4 Enquire about costs per week in June and ask if they could send a brochure and booking forms straight away. Thank them for their help. (Be ready to spell your name and address.)

After the call, check, in English, all the details the two of you have taken down.

Telephone conversation 2

Your boss is interested in buying a small two bedroom cottage in South-West France. You have had some initial contacts with an estate agent *(agent immobilier)* and now wish to make arrangements for both of you to see him and to view properties.

Ring the agent *(Monsieur/Madame Marquille)*, remind him/her who you are and ask for the following information.

1 How many suitable properties has he/she available for you to see?

2 Whether you can come to see the properties this weekend. If not, when?

3 Whether he/she can meet you both at the airport in Bordeaux and arrange to have a hire-car available.

4 Would he/she arrange hotel accommodation for you for the Saturday night?

5 The name of a good solicitor *(notaire)* (How do you spell it? What is his/her address?)

After the telephone conversation, check, in English, all the details the two of you have taken down.

☝ RECEIVING A BUSINESS VISITOR

▮▮ Introduction

When you visit a country which uses a language other than your own and with which you are not very familiar, you are always delighted and relieved when your host receives you in your own language. Apart from perhaps a few initial feelings of guilt (or envy), you quickly relax and begin to enjoy your visit. From a business point of view, the effect is more serious. It is often said that you buy in your own language, but that you sell in other people's language. Thus when you are receiving a visitor from France whom you wish to persuade to buy from you, it is both polite and more effective if you receive him/her speaking French.

Unlike during the telephone conversation dealt with in the previous section, body language definitely does count when you are receiving a visitor face to face. When practising the assignments below and any of the role plays in the *Projets pratiques* for each Dossier, try to lift your performance so that positive body language is an integral part. Don't forget to shake hands when greeting your visitor and when saying good-bye. Remember to look interested and to sound interesting.

In common with the phone conversation there are parts of the conversation involved in the meeting that can be anticipated and prepared since they will be roughly common to each occasion. These can be divided up into the following sections:

(i) **Arrival, introduction, getting to know each other and putting your guest at ease.**

Some useful phrases might be:

(a) Introducing yourself:

Bonjour, monsieur/madame. Permettez-moi de me présenter...

Je m'appelle............., directeur/chef du service commercial/ des achats.

Puis-je me présenter? Je suis.............

Je suis ravi(e)/enchanté(e)/très heureux(-se) de faire votre connaissance.

Je ne crois pas que nous nous soyons rencontré(e)s auparavant. Je m'appelle.............

(b) Introducing someone else:

Je voudrais vous présenter Monsieur/Madame............

Permettez-moi de vous présenter mon/ma collègue/mon associé(e): Monsieur/Madame............

(ii) **Small talk (initiated by you):**

Entrez, Monsieur/Madame.

Remember: It is normal to shake hands on meeting a person for the first time, but French people also shake hands on every first encounter each day and on every last encounter when saying good-bye.

Asseyez-vous, je vous prie.

Voulez-vous quelque chose à boire? un café peut-être?

Remember: «*Merci!*» on its own, often accompanied by a slight shake of the head, means 'No, thank you.'

Suivez-moi. Par ici, s'il vous plaît.

Est-ce que vous avez fait un bon voyage/une bonne traversée?

Votre vol s'est bien passé?

Notre chauffeur vous a rencontré(e) au bureau de Calais/Heathrow sans problème, j'espère?

Vous êtes content(e) de votre hôtel?

L'hôtel vous convient?

C'est votre première visite en Angleterre/dans cette région?

J'espère que vous aurez le temps de faire un peu de tourisme.

Vous habitez où exactement en France?

C'est une jolie région?

Je ne la connais pas.

Je la connais bien. J'y ai passé(e) de très belles vacances (avec ma famille).

(iii) **Possible replies or questions from your guest:**

Je m'excuse, mais je n'ai pas compris votre nom.

Pouvez-vous répéter votre nom, Monsieur/Madame?

Volontiers! Je veux bien un café, s'il vous plaît.

Oui merci, tout va très bien.

L'hôtel est parfait et le service est très sympathique.

Non, non. J'y suis venu(e) plusieurs fois déjà en voyages d'affaires.

C'est ma première visite dans votre région.

Pouvez-vous suggérer des endroits qui méritent le détour... comme on dit?

J'ai quelques jours de libre après ma visite chez vous. Je veux en profiter au maximum. Que me conseillerez-vous?

(iv) **Down to business:**

Some useful phrases to help you explain the programme you have arranged for your visitor:

D'abord...	Ce matin...
Ensuite... puis... alors...	Cet après-midi...
Tout de suite après...	Ce soir...
Plus tard...	A midi...
Demain...	Après...
Dans une heure...	Avant...
Entre-temps...	

Note: Exact time is more easily expressed using the 'digital' form (or the 24 hour clock):

e.g. à dix heures vingt

à onze heures quarante-cinq

à quatorze heures quinze

but remember to add 'am' or 'pm' where there might be confusion:

à deux heures trente de l'après-midi

à huit heures trente du soir/du matin.

Nous allons visiter...

Nous avons rendez-vous à... avec...

Je vais vous montrer

Je vais vous faire visiter une exposition de...

J'ai organisé une inspection de.../une réunion avec...

Nous allons faire le tour de...

Vous pouvez inspecter/visiter/examiner/vérifier/essayer/analyser/choisir (sur échantillons)/sélectionner/ goûter... nos produits/marchandises/ échantillons

Si vous n'avez pas d'autres questions sur le programme/l'itinéraire prévu, monsieur/madame, il est temps d'aller à notre premier rendez-vous...

Si on allait déjeuner maintenant?

▌▌ Assignments

Practise using the suggestions above on the two situations which follow. Some vocabulary help is given: try to expand the assignment as much as you can and be as lively as possible. Reverse roles with your partner and try to introduce unexpected questions wherever the situation allows them.

1 Selling snails to the French

Background: The French are short of edible snails *(escargots comestibles)*! They import about 6,000 tons each year. You have started a snail farm *(un élevage hélicicole)* and are expecting a visit from a French buyer - Monsieur/Madame Mounolou. You need to make a good impression so be enthusiastic about your business.

The visit:

Stage A. When he/she arrives, introduce yourself, welcome your visitor and invite him/her into your office. Offer a drink (coffee, apéritif) and spend a few minutes in social chit-chat.

Stage B. Your visitor will ask you about your snail business. He/she will wish to know why you decided to go into snail breeding *(l'héliciculture)*; where you learned how to do it and when you began; what quantities of snails you are now producing *(1.500 kilogrammes)*; your projections *(prévisions)* for next year *(2.500 kilogrammes)*.

Stage C. Invite your visitor to lunch *(escargots farcis* are on the menu) and offer to give your visitor a tour of the farm. Show him/her the breeding tanks *(les serres, superficie 1.000 m²)* and the processing building *(le bâtiment technique)* with its cooking unit *(la cuisine)*. Explain that you plan to establish small fattening centres with outworkers *(unités d'engraissement chez des particuliers)* to increase production.

Stage D. Your visitor is impressed and places an order for 500 kg this year, with the possibility of a tonne for next year.

2 Coals to Newcastle

Background: You work as managing director and hard-working owner *(propriétaire)* of a vineyard in the South of England. A French dealer *(négociant)* – Monsieur/Madame Bureau – is about to visit you and you are hoping for the ultimate *coup* – to export quality English white wine to France. The visit:

Stage A. Your visitor arrives at 9am. Welcome him/her and introduce yourself. Offer your guest some refreshment (perhaps coffee, not wine at this stage!) and spend a few minutes in polite conversation. Ask him/her about his/her journey and whether the hotel is satisfactory, for example.

Stage B. Be prepared to explain the programme which you have arranged. During the morning your visitor will be taken around the vineyard *(vignoble)*; he/she will see the vines *(vignes)* and the cellars *(les caves)* and have the opportunity to see the whole process of wine making *(vinification)* from the arrival of the harvested grapes *(la vendange)* to the bottling *(la mise en bouteille)*.

Stage C. This will be followed by a wine-tasting *(dégustation)* and your guest will be presented with a case of the best years *(millésimes)*.

Stage D. Lunch will be taken at a nearby restaurant. All those working in the vineyard have been invited and the wines will be from the estate *(domaine)*.

Be prepared to answer questions on your wine. (Which are the best years? What about the 1987?) and on prices – How much per dozen cases for the sweet *(doux)* and dry *(sec)* for different years?

Be enthusiastic; this is your chance to break into the French market.

Transcripts

The timing of the video clips is as follows:

Unité 1 La vie urbaine et rurale
EXTRAIT TELEVISE 1A: La désertification de la campagne   2'20
EXTRAIT TELEVISE 1B: Circulation à Strasbourg   1'45

Unité 2 Le transport
EXTRAIT TELEVISE 2A: Les phares jaunes   1'40
EXTRAIT TELEVISE 2B: Trains: réseau privé   2'30

Unité 3 L'environnement
EXTRAIT TELEVISE 3A: Pavés classés   1'37
EXTRAIT TELEVISE 3B: Voiture alco-végétale   2'10

Unité 4 La science et la technologie
EXTRAIT TELEVISE 4A: Biosphère en Arizona   2'37
EXTRAIT TELEVISE 4B: Mini-téléphone de poche   1'58

Unité 5 L'éducation
EXTRAIT TELEVISE 5A: L'enseignement des langues   2'45
EXTRAIT TELEVISE 5B: L'importance de la lecture   2'28

Unité 6 Le monde du travail
EXTRAIT TELEVISE 6A: Le travail dominical   1'36
EXTRAIT TELEVISE 6B: Eclairement dans les usines   2'22

Unité 7 Les médias
EXTRAIT TELEVISE 7A: *L'Humanité*   1'40
EXTRAIT TELEVISE 7B: Les prix de la télévision   2'42

Unité 8 Les loisirs
EXTRAIT TELEVISE 8A: Neige et ski   2'09
EXTRAIT TELEVISE 8B: Un peintre moderne: Chauray   1'57

Unité 9 La société
EXTRAIT TELEVISE 9A: Métiers et jeunes   1'24
EXTRAIT TELEVISE 9B: Boutiques de l'abbé Pierre   1'57

Unité 10 Le monde de la politique
EXTRAIT TELEVISE 10A: L'immigration   1'29
EXTRAIT TELEVISE 10B: Les femmes au parlement   2'44

Note: in the transcripts of the introductions, italic type is used for key vocabulary items which are sub-titled on the video.

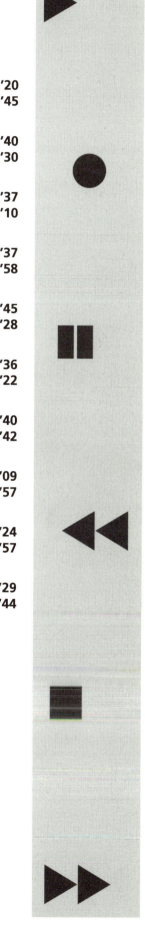

TRANSCRIPTS

▮▮ UNITE 1 La vie urbaine et rurale

Extrait télévisé 1a: La désertification de la campagne
Introduction

La France est divisée en 36.500 *communes*, qui sont les plus petites subdivisions administratives du pays, et chaque commune est administrée par *un maire* et ses *conseillers municipaux*. Les grandes villes sont divisées en plusieurs communes mais, à la campagne, une commune se résume quelquefois à un seul village, ou même à une agglomération de quelques maisons, un hameau. C'est le cas de *Clairmont-sur-Lauquet*, dans le département de *l'Aude*. Cette commune audoise est victime de la *désertification des campagnes*, un problème répandu en France. Nombreux sont les habitants de cette commune qui se sont installés en ville où ils peuvent, par exemple, trouver un meilleur emploi. Le maire de Clairmont-sur-Lauquet, Madame Rigaill, regrette profondément leur départ. Elle a fait tout son possible pour empêcher la mort d'un village qu'elle aime, mais maintenant elle n'en peut plus. Alors, elle a décidé de *démissionner*, de quitter ses fonctions de maire et, geste symbolique, elle vient de rendre son écharpe, *l'écharpe tricolore* que portent les maires et les députés français. Est-ce fini pour autant? Peut-être que non, car le village pourrait faire valoir ses avantages, ses *atouts*, pour attirer les touristes qui veulent passer leurs vacances au cœur de la campagne.

Extrait

Un problème qui concerne tous les responsables politiques, écologistes ou non, celui de la désertification de nos campagnes. Beaucoup de petites communes vont se reconnaître dans les difficultés de cette femme, maire d'un hameau dans les tréfonds de l'Aude. Fatiguée de lutter, cette élue vient en effet de démissionner pour tirer en quelque sorte la sonnette d'alarme sur ses difficultés.
Reportage: Sandrine Morch, Gilbert Uzan…

Lorsqu'au petit matin les enfants quittent les écarts, comme on appelle ici les habitations isolées, la commune se vide brusquement de sa population. Vingt-neuf habitants se répartissent aujourd'hui sur les 2.000 hectares de vallée boisée. Ils étaient deux cent cinquante juste après-guerre. Peu à peu, Clairmont-sur-Lauquet se meurt, comme s'éteignent une à une les plus petites de nos 36.500 communes. Fatiguée de retenir d'une main l'église qui s'écroule et de l'autre le dernier agriculteur, le maire a rendu son écharpe avec éclat, suivi par cinq de ses neuf conseillers municipaux.

– Démissionner après dix-huit ans en qualité de conseillère municipale et pratiquement quatre ans en qualité de maire, c'est la signature d'un aveu d'échec et d'impuissance.

Maire du village, mais aussi mère de quatre des sept enfants de la commune, Isabelle Rigaill avait pourtant décidé de se battre. Prise d'un véritable coup de foudre pour cette terre audoise, elle s'était engagée dans la lutte contre la désertification et contre l'oubli de ce que l'on appelle, en ville, «l'arrière-pays».

– Nous sommes les paysannes du village… la plus vieille et la plus jeune.

– Je n'ai sans doute pas été capable de faire comprendre toute la potentialité du village et je n'ai pas crié assez fort qu'il était en train de mourir. Je crois qu'en partant c'était ma dernière façon, ou la dernière façon que j'ai trouvée, pour dire au Département, à la Région et à l'Etat: nous vivons un éthnocide des arrière-pays et il serait grand temps de faire quelque chose.

Du tourisme vert, par exemple. Le pays a de précieux atouts: il est beau et encore totalement préservé. De quoi attirer les citadins en mal d'espace. Encore faut-il que l'Etat et les collectivités locales s'intéressent à ces terres oubliées et donnent le premier coup de pouce. Bien que démissionnaire, Isabelle continue son combat avec sa ferme-auberge pour que vive encore Clairmont-sur-Lauquet.

Extrait télévisé 1b: Circulation à Strasbourg

Introduction

Vous avez des courses à faire au centre-ville. Vous êtes à pied, un simple *piéton*, et vous en avez marre des voitures, de la pollution et des *gaz d'échappement*. Un centre-ville sans voitures, quel beau rêve, vous vous dites. A Strasbourg, le rêve devient réalité: il n'y aura plus de voitures au centre-ville; les piétons pourront marcher, *circuler* et respirer à pleins poumons. Tout le monde est-il content alors? Pour les automobilistes qui craignaient des *embouteillages*, des *bouchons* sur les routes qui font le tour du centre-ville, ce qu'on appelle les *boulevards de ceinture*, c'est la belle surprise. Pour l'instant, il n'y a pas de gros problèmes. Mais les *commerçants* dont les magasins se trouvent au centre-ville restent inquiets. Ils ont peur que leurs clients ne préfèrent aller faire leurs courses *à l'extérieur* de la ville.

Extrait

Du jamais vu dans une métropole française... Depuis ce matin, les voitures sont indésirables au centre de Strasbourg. La municipalité a tranché dans le vif afin, dit-elle, de réduire la pollution et les embouteillages. Les adversaires du projet, notamment les commerçants, auraient préféré que l'on crée des parkings. Reportage de Christine Boos...

Les voitures gommées, effacées comme par enchantement dans les rues du centre-ville. Rien de tels que des patins à roulettes pour fêter cela. Place aux piétons un peu incrédules, aux cyclistes. Aujourd'hui même les bébés dans leurs poussettes ne craignent plus les gaz d'échappement: un plaisir neuf, et apparemment contagieux.

– Oh, on se croirait là un dimanche en plein mois d'août. Ah, j'en profite. Hein...

– On pourra mieux circuler à pied, surtout moi avec les enfants. Je suis un peu satisfaite, quoi.

Côté automobilistes, on pouvait craindre le pire et, surprise, ce matin pas de bouchons ni de grogne... ambiance.

– Tout est calme. Tout se passe bien, comme prévu.

– Pas d'embouteillages?

– Non. Pas vraiment. C'est les vacances, donc ça se passe très, très bien.

Mais pour certains, déplacer les 125.000 mille voitures quotidiennes sur des boulevards de ceinture risque d'asphixier d'autres quartiers. En fait Strasbourg manque de places de parking: environ 5.000. Aujourd'hui ce nouveau plan de circulation, qui accompagne les travaux du futur tramway, est prématuré aux yeux des commerçants.

– La grande crainte, c'est que les gens prendront des habitudes de ne plus aller en ville, et de ce fait les commerces souffriront, des bureaux se déplaceront vers l'extérieur parce que on ne transforme pas un centre-ville, tel qu'on veut le transformer, en six mois.

Pour ou contre, ce plan de circulation est une étape importante de l'histoire urbaine – peut-être le déclin de l'ère de la voiture prioritaire.

▮▮ UNITE 2 Le transport

Extrait télévisé 2a: Les phares jaunes
Introduction
Nous pensons souvent que les décisions prises au parlement européen sont bien éloignées de la réalité quotidienne. En 1993, on a beaucoup parlé du *Traité de Maastricht*, selon lequel les pays membres de la CE acceptaient de travailler plus étroitement ensemble, mais ce traité a-t-il bouleversé les vieilles habitudes françaises? Eh bien, la prochaine fois que vous roulez en France, regardez *les phares* des voitures! Ils sont de quelle couleur en général? Avant Maastricht, ils étaient tous jaunes, une tradition qui remontait à la période de la guerre. Mais maintenant les conducteurs ont le droit de choisir entre les phares blancs et les phares jaunes. Selon les experts, ce choix n'a presque aucune importance pour la sécurité routière: ce qui compte toujours, c'est de veiller à ce que vos phares – jaunes ou blancs – soient bien *réglés*. Mais quant aux automobilistes français, il y en a qui trouvent les phares blancs *éblouissants*, alors ils ne sont pas tous prêts à perdre leurs vieilles habitudes au nom de l'Union européenne.

Extrait
La construction de l'Europe au quotidien. Seuls en Europe pour l'instant, les automobilistes français utilisent des phares jaunes. Eh bien, à partir du 1er janvier, changement, avec la coexistence du jaune et du blanc, un peu comme pour les œufs au plat. Renaud Fessaguet.

Jaune ou blanc? Le 1er janvier, grâce à Maastricht, vous pourrez circuler en phares blancs, ce qui était jusque-là strictement interdit. Une vieille tradition qui permettait en temps de guerre de distinguer les véhicules français des allemands qui, cux, roulaient toujours en lumière blanche. Le phare jaune était de toute façon condamné: moins brillant, plus cher, il n'était plus utilisé qu'en France. Les constructeurs se sont déjà adaptés au blanc, mais pas encore les conducteurs.

– Si on m'oblige pas, je préfère garder ceux-là, je préfère que tout le monde en fasse autant parce que quand vous êtes suivi par les motos qui ont déjà les phares blancs, on est tout ébloui, on ne voit pratiquement pas grand-chose.

– Moi, les phares blancs, ça me gêne, où que je vais <sic>, quand je fous mes phares blancs dans la gueule de ceux qui arrivent en face ou de ceux qui sont devant moi, ça les gêne aussi.

– Moi, personnellement, je suis pour les jaunes.

Et pourtant aucune étude scientifique sérieuse ne permet aujourd'hui de dire que les phares blancs sont plus éblouissants.

– Il n'y a pas une grande différence pour les gens qui ont des yeux normaux, à une seule condition, c'est que les phares soient bien réglés. Par contre, quand il y a du brouillard la nuit, les phares blancs sont un petit peu moins bons que les phares jaunes.

Les phares blancs, ce sera donc avant tout une affaire d'habitude et de réglage. En attendant, sachez que vous n'êtes pas obligés de changer vos phares jaunes pour être à la norme européenne.

Extrait télévisé 2b: Trains: réseau privé
Introduction
Paimpol, petite ville bretonne de quelque 8.000 habitants, près de la fameuse forêt du roi Arthur, aura une nouvelle gare. Rien d'exceptionnel, me direz-vous, sinon que la ligne *Paimpol–Carhaix* n'est pas exploitée directement par la *SNCF* – la Société nationale des chemins de fer – mais par un *sous-traitant*, la CFTA. La CFTA a obtenu une aide financière de la Région, puisqu'elle offre aux voyageurs un moyen de faire le trajet quotidien entre une petite gare et

l'autre. Les *dessertes* et le service sont bons, et le nouveau train – un *autorail* – se révèle économique. Il ne s'agit pas, cependant, d'un chemin de fer privatisé, moins cher – *au rabais*, si vous voulez. La CFTA dépend toujours de la SNCF. Mais cette solution convient particulièrement bien à un *réseau secondaire*, une petite ligne qui aurait pu disparaître.

Extrait

Pour résumer le conflit SNCF, les syndicats déclarent que le budget ne permet plus à la SNCF de répondre à ses missions de service public. Il est vrai que, dans certaines régions, des lignes sont abandonnées, leur sauvetage ne dépend alors que du bon vouloir des Assemblées régionales, qui les confient alors à des sociétés privées: illustration en Bretagne, c'est un reportage de Pascal Golomer et Aimé Maillol…

– Paimpol s'offre une nouvelle gare pour Noël, gare de départ d'une ligne de 90 kilomètres pas comme les autres. Paimpol, Guingamp, Carhaix. Derniers vestiges du vieux réseau breton qu'exploite depuis plus d'un siècle la CFTA, Compagnie ferroviaire et de transports automobiles, pour le compte de la SNCF. Une ligne qui ne doit sa survie qu'à la mise au point de ce nouvel autorail il y a deux ans: ultra-léger, très économique, conçu spécialement pour les réseaux secondaires. Le conducteur est seul à bord et peut distribuer les billets. Il s'arrête à volonté dans toutes les petites gares et les dessertes ont été améliorées; cinq allers et retours chaque jour. L'expérience est concluante: la fréquentation a augmenté de 15% en un an, et les coûts ont baissé dans le même temps de 20%.

– Il existe un certain nombre de petites lignes en France qui sont menacées justement compte tenu du… de la faible quantité de voyageurs transportés et, avec cet autorail, nous offrons la possibilité de transporter ce nombre limité de voyageurs. C'est un… une solution intermédiaire entre le rail classique connu par la SNCF et la route.

– La CFTA travaille ici comme un véritable sous-traitant avec ses propres règles de fonctionnement. Elle exploite, seule, la ligne mais elle dépend toujours de la SNCF: pas question de parler de privatisation partielle.

– Il ne s'agit pas là d'un chemin de fer au rabais, mais d'une activité tout à fait complémentaire, puisque nous sommes en relation, en correspondance. Et les règles de sécurité applicables à la SNCF s'appliquent également sur ces lignes.

– Partenaire financier incontournable, la Région a encouragé la solution CFTA, d'abord parce qu'elle est économique. Le déficit des lignes SNCF lui coûte cher, trop cher.

– Il est certain que dans l'avenir – s'il y a un avenir pour les chemins de fer dans les déplacements quotidiens dans une région comme la nôtre – il faudra trouver des solutions nouvelles.

– Le petit train de Paimpol en est une, encore anecdotique, SNCF, Etat et Région réfléchissent. A suivre…

▌▌ UNITE 3 L'environnement

Extrait télévisé 3a: Pavés classés
Introduction

Qu'est-ce que *le patrimoine national*? Tout ce qu'on a hérité des générations précédentes et qui fait partie de la richesse culturelle d'un pays. Bien sûr, un Français pense tout de suite aux monuments célèbres: la tour Eiffel à Paris, la cathédrale de Bourges, les châteaux de la Loire, entre autres. Mais pour le ministre de l'Environnement, le mot «patrimoine» est à comprendre au sens large du terme. Une course à vélo qui vient de

fêter ses cent ans sera préservée, elle aussi. Il s'agit du *Paris–Roubaix*, une course qui se fait sur sept kilomètres de *pavés*. Les gens qui habitent le long du chemin, les *riverains*, préféreraient peut-être rouler sur *le macadam*, mais les pavés sont un élément indispensable du Paris–Roubaix. Alors, ils ne risqueront plus de disparaître car, au nom de la culture populaire, ils ont été *classés* «monument historique»!

Extrait
Alors que Bourges vient d'entrer dans le patrimoine mondial, je parle de la cathédrale, figurez-vous qu'un autre morceau de notre patrimoine va bientôt être classé: les sept kilomètres de pavés de Paris–Roubaix. Reportage de notre envoyé spécial [à…], Benoît Gadrey.

Ils ont forgé la légende du Paris–Roubaix, ces chemins de granit, faits de pavés difformes, véritables pièges pour les coureurs.

– C'est la loi de l'équilibre, et c'est toute la classe du coureur qui rentre en jeu, et ça devient dangereux, c'est <sic> les glissades, c'est <sic> les chutes, mais c'est ce qui fait le folklore du Paris–Roubaix finalement.

Mais si au XVIIIe siècle les chemins pavés faisaient figure d'autoroutes, aujourd'hui ces voies chaotiques attirent les foudres des riverains. Au charme folklorique du pavé, les communes préfèrent le macadam et, chaque année, ce sont des secteurs entiers qui disparaissent.

– J'en suis très inquiet, car si ce petit jeu continuait, un jour serait arrivé où nous n'aurions pu trouver suffisamment de pavés pour organiser le Paris–Roubaix.

Alors, pour sauver les pavés et le Paris–Roubaix, le ministre de l'Environnement engageait aujourd'hui une procédure de classement pour un premier tronçon de huit kilomètres.

– Je pense que c'est une nouvelle conception du patrimoine. C'est un patrimoine populaire et vivant et, aujourd'hui, ces pavés sont classés.

Ça veut dire qu'on ne peut plus y toucher, on ne peut plus les démolir, on ne peut plus les bétonner.

Classer les pavés, la mesure est inédite. Mais il faut dire qu'à la veille de fêter son centenaire, la Reine des classiques fait, elle aussi, figure de monument.

Extrait télévisé 3b: Voiture alco-végétale
Introduction
Quand vous allez faire le plein à votre station-service, vous faites déjà le choix entre le super, l'essence sans plomb et le diesel, mais bientôt vous pourrez peut-être demander *de l'éthanol*, un *carburant* à base de céréales. Il s'agit d'un véritable progrès technique, mais le gouvernement français voudra-t-il résoudre les problèmes financiers que pose ce «pétrole vert»? La production de l'éthanol coûtera cher; cependant, les agriculteurs pourraient profiter de ce nouveau marché des *biocarburants*, les carburants tirés, par exemple, de céréales ou de betteraves. Ce sera l'occasion de revendre leurs *excédents agricoles*, c'est-à-dire les récoltes qui auront dépassé les limites imposées par la CE. Alors, le gouvernement français acceptera-t-il d'aider ses agriculteurs? Pour l'instant on parle d'une *exonération fiscale* pendant deux ans, mais les agriculteurs espèrent que le gouvernement supprimera une fois pour toutes les taxes de l'Etat sur les carburants verts. Sinon le choix «vert» de l'éthanol n'intéressera pas les automobilistes.

Extrait
La voiture que vous allez découvrir maintenant et que vous allez apercevoir dans quelques instants roule à l'éthanol: l'éthanol étant un carburant tiré des céréales. Bref, c'est le pétrole vert de la France. Techniquement, ça roule, ça on le savait déjà. Le problème c'est qu'économiquement parlant, ça ne tient pas vraiment la route. Explication de Sophie Jouve et Philippe Dumail.

Voici la petite Brésilienne qui roule uniquement à l'éthanol, le carburant à base de céréales ou de betterave. Les Chambres d'agriculture voient en elle un débouché pour leurs excédents agricoles et ils lui ont réservé cet après-midi le plus bel accueil.

– Nous avons voulu démontrer qu'une voiture à alcool, ça peut fonctionner en France, et nous l'avons démontré. En deuxième lieu il faut, pour que ça puisse fonctionner, qu'il y ait une décision du gouvernement reconnaissant les biocarburants comme des carburants à part entière.

On n'en est pas encore là. Le procédé de fabrication de l'éthanol est parfaitement au point, mais reste le problème du prix de revient, trois fois plus cher que l'essence. La solution, ce serait la suppression des taxes de l'Etat sur les carburants verts. L'Assemblée s'apprête à la voter demain, mais pour une courte période. Une perte fiscale minime pour l'Etat puisque l'éthanol est actuellement très peu utilisé. Et puis il ne faudrait pas que les agriculteurs oublient leur vocation première.

– Faire de l'énergie c'est bien, à partir de l'agriculture, et c'est tout à fait nécessaire, mais il ne faut pas dépasser des quantités trop importantes qui pourraient réduire éventuellement les productions pour l'alimentation.

Le réalisme serait d'inclure 5% d'éthanol dans le super, comme cela existe à titre expérimental dans onze stations-services. Cela représenterait 450.000 hectares de blé, de betterave, une bouffée d'oxygène pour les agriculteurs. Les pétroliers seraient prêts à jouer le jeu si l'exonération fiscale était pérennisée.

– C'est pas suffisant de dire qu'on fait cet accord pendant deux ans, comme c'est le cas aujourd'hui, ou bien si on le fait pendant cinq ans. Il faut que ça soit quelque chose qui s'inscrive dans la durée puisqu'il faut déclencher des investissements industriels, commerciaux derrière.

Coût pour l'Etat, la bagatelle de trois milliards de francs. Le dossier est sur le bureau du ministre de l'Industrie, et la décision sera autant politique qu'économique.

■■ UNITE 4 La science et la technologie

Extrait télévisé 4a: Biosphère en Arizona
Introduction
L'homme a toujours été fasciné par le mythe de la création de notre monde, et surtout par l'idée du paradis, du *Jardin d'Eden*. Vivre dans la nature sauvage, dans une sorte de grand parc, entouré de toutes sortes de plantes, c'est un vieux rêve. Mais cette idée est à la base aussi d'une expérience scientifique en *Arizona*, où des *bionautes* – tout comme des astronautes – vont vivre pendant deux ans dans une *mini-biosphère*. C'est un petit univers rempli d'organismes vivants: plantes, animaux et êtres humains. La biosphère ressemble à un grand *bocal*, un récipient en verre, parfaitement bouché, *hermétique*. Les

touristes la contemplent de l'extérieur: à travers les *vitres*, ils aperçoivent des jardins exotiques, un peu comme les fameux jardins *babyloniens* qui étaient une des sept merveilles du monde de l'antiquité. Pour les bionautes, enfermés dans ce monde clos, c'est comme s'ils vivaient sur une autre planète!

Extrait
Biosphère Deux, ou l'Arche de Noé pour la planète Mars. Ce soir une équipe d'*Envoyé spécial* nous emmènera dans le désert de l'Arizona où une poignée de savants et d'écologistes ont créé un temple de verre d'un hectare et demi. Quatre hommes et quatre femmes vont vivre deux ans dans cet univers

complètement hermétique qui préfigure, je crois, les planètes relais qui nous permettront de découvrir l'ensemble de l'univers. Reportage de Jean-François Delassoux et Vincent Mayard.

Un serpent qui semble défendre l'entrée d'une mine d'or, une pomme… C'est une sorte d'Eden qui a été recréé ici au profit de quatre Adam et Eve. C'est le paradis perdu où s'extasient les touristes qui défilent autour du prodige.

– Mais, demandent-ils, pour vivre, le jardin ne suffirait-il pas? La nature sauvage n'est-elle pas là pour faire jolie?

– Non, répond le guide, elle est nécessaire pour atteindre le niveau de complexité suffisant, sans lequel on ne pourrait pas parler de mini-biosphère.

La nature sauvage sert aussi de poumon de sécurité. C'est le temple de la photosynthèse. Grâce à la lumière et à la chlorophylle, les plantes purifient l'atmosphère. Elles absorbent le gaz carbonique de l'air, elles libèrent de l'oxygène sans lequel nos bionautes finiraient par étouffer. Elles respirent, elles transpirent aussi. L'eau qu'elles dégagent se condense. Elle est récupérée par des gouttières. Sur les hectares de vitre de cette structure babylonienne, cela représente des tonnes d'eau qui retournent ainsi chaque jour à la terre.

Tout cela fonctionne donc tout seul? Non, pas si simple. Ecoutez plutôt la réalité sonore de ces tropiques en capsule. La bise est artificielle. Elle provient de cette grotte. C'est que Biosphère Deux est air-conditionnée. Sinon, comment faire coexister dans le même bocal une forêt tropicale où il fait trente-cinq degrés et très humide, et un désert où la température moyenne doit être plus basse?

Ils sont huit, moyenne d'âge la trentaine. Ils sont polyvalents et interchangeables. Leur mission: vivre pendant deux ans en circuit totalement fermé, comme s'ils étaient sur Mars.

Extrait télévisé 4b: Mini-téléphone de poche
Introduction
Depuis le premier téléphone de Monsieur Bell, on n'arrête pas le progrès. Nous avons vu les téléphones sans fil, les publiphones à télécarte, et maintenant une nouvelle idée qu'on teste à Strasbourg: un mini-téléphone de poche, un *téléphone-baladeur*, de la taille d'un walkman! Oui, vous pourrez vous promener, faire vos courses, tout en passant un coup de fil à vos amis. Mais attention! Le système dépend d'une *antenne*, et vous devez donc faire votre appel sans trop vous éloigner de l'antenne, sans quitter le réseau, autrement dit *le maillage*. Autre petit inconvénient: pour l'instant *les communications* par ce mini-téléphone coûtent plus cher. Mais France Télécom espère bientôt vendre ces mini-téléphones à *un prix abordable*, pas trop cher. Est-ce la fin des cabines publiques? Va-t-on les *mettre au rancart*? C'est trop tôt pour le dire: il faudra attendre la réaction des *abonnés*, des usagers de Strasbourg.

Extrait
Dans notre grande série *On n'arrête pas le progrès*, cette autre merveille technologique, témoignage éclatant du génie français, une invention mise au point par France Télécom, un mini-téléphone de poche, actuellement expérimenté à Strasbourg. Nos correspondants Christine Beauce et Sylvain Gauthier ont passé leur journée à s'appeler.

Les bip-bop, ou les téléphones personnels, ont envahi les trottoirs de Strasbourg. Téléphoner, y compris à l'autre bout du monde, sur un bout de trottoir, c'est possible avec ces mini-combinés de poche. Seule condition: être à proximité, dans un rayon de cinquante à deux cents mètres, d'une de ces bornes radio, reliées à une antenne, des zones visualisées par ces bandes tricolores. Trois cents bornes vont être installées et formeront un maillage complet de l'agglomération, permettant de téléphoner de n'importe quel endroit. Avec ce téléphone de poche, c'est un vieux rêve qui s'accomplit, un rêve accessible, à terme, au plus grand nombre.

– Nous visons 500.000 abonnés à la fin quatre-vingt-quinze, et sans doute plusieurs millions à la fin de ce siècle, c'est-à-dire en fait Monsieur tout le monde, à ce moment-là.

Ayant choisi une norme européenne, donc avec l'effet de taille du marché, puisqu'en même temps il sera utilisable en Europe, et par exemple à Strasbourg de l'autre côté du pont [...] sur le Rhin, donc c'est un téléphone qui devrait être rapidement

à un prix très abordable.

Allô? Selon les premières estimations, bip-bop devrait osciller autour de 1.500 à 2.000 francs, les communications vingt à trente pour cent plus chères. Mais Monsieur tout le monde devra encore patienter un peu, ce téléphone-baladeur ne sera commercialisé qu'à partir de mars 92. Après Strasbourg, c'est Paris qui sera équipé d'un tel réseau et, d'ici 1995, toutes les villes de plus de 50.000 habitants. De quoi mettre au rancart de nombreuses cabines publiques.

Le problème c'est que, quand la borne est franchie, il n'y a plus de tonalité.

■■ UNITE 5 L'éducation

Extrait télévisé 5a: L'enseignement des langues
Introduction
Au moment où nos gouvernements cherchent à resserrer les liens politiques et économiques entre les pays membres de la CE, l'enseignement des langues est un sujet important. Parler une langue étrangère, c'est une priorité professionnelle aussi bien qu'un avantage, un *atout*, culturel. Alors, le ministre de l'Education nationale en France vise à améliorer l'enseignement des langues dans tous les établissements scolaires. A l'école primaire, dans les CM1 (les cours moyens 1re année) et les CM2 (les cours moyens 2e année), les élèves seront *sensibilisés* à une langue vivante, c'est-à-dire qu'ils apprendront quelques éléments de base. Mais le véritable enseignement des langues sera réservé au *collège* (de 11 à 15 ans) et au *lycée* (de 16 à 18 ou 19 ans). Comme c'est souvent le cas dans ce qui touche à l'enseignement, les experts ne sont pas d'accord sur le meilleur système à adopter. Par exemple, la deuxième langue vivante devrait-elle être *obligatoire* ou *facultative*? Un élève de *seconde* – de 15 ou 16 ans – est-il prêt

à faire le bon choix? Les profs de langues expriment leurs réserves: une fois de plus, l'anglais ne risque-t-il pas de s'imposer au préjudice des autres langues?

Extrait
Le ministre de l'Education nationale, Lionel Jospin, a présenté ce matin son programme «Langues plus», un programme qui vise, comme son nom indique, à améliorer l'enseignement des langues étrangères, de l'école primaire au lycée. Je requiers toute votre attention, car c'est assez compliqué, comme tout ce qui touche le système éducatif.

Dans le primaire, d'ici trois ans, tous les CM2, et progressivement tous les CM1, seront sensibilisés à une langue vivante. Dans le secondaire, en quatrième, enseignement obligatoire d'une deuxième langue vivante. En seconde, renforcement de la première langue vivante et – attention, ça se complique – les langues vivantes deux et trois pourront être choisies parmi les matières optionnelles obligatoires, mais elles ne feront plus partie de l'enseignement de base au même titre que la langue vivante un. Exemple, avec ce reportage de Martine Fritsch et Didier Ricou dans un collège en

Alsace, où la première langue vivante est bien sûr l'allemand. C'est dire si, arrivés en seconde, les élèves devront faire le bon choix.

Depuis plusieurs semaines déjà, dans les collèges et les lycées, la nouvelle réforme de Lionel Jospin inquiète. Désormais, après la classe de troisième, la seconde langue vivante sera facultative. Un coup dur notamment pour les professeurs de langues dites secondaires: le russe, l'italien, ou même l'allemand. Le nombre des élèves dans ces disciplines va nettement diminuer et de nombreux postes d'enseignant sont menacés, sans compter une baisse du niveau général des élèves. Une décision souvent mal comprise au moment où l'on met en place la construction de l'Europe.

– C'est vraiment une perte, une perte de culture, je pense. Pour les élèves on parle tellement de l'Europe et on construit l'Europe sur quelle langue… sans les langues… il y a une contradiction.

– Ce serait dommage qu'il y ait une espèce d'uniformisation de la langue et qu'on n'utilise plus que l'anglais. Il y a une richesse dans toutes les autres langues qu'il serait dommage d'abandonner.

– Et puis, à long terme, on va se retrouver dans une Europe où tout le monde saura manier beaucoup de langues sauf nous, les Français.

Une crainte qui préoccuppe l'ensemble des professeurs, sauf peut-être dans les régions frontalières. Ici, dans ce collège strasbourgeois, pas de soucis. Les élèves ont bien compris l'importance des langues. Il est vrai que l'Europe leur est déjà familière.

– Comme on n'a pas de langue pour tout le monde… tous les pays de l'Europe, il faut savoir… même dans le monde entier, quoi… il faut savoir deux langues, c'est le minimum.

– L'anglais, c'est bien, mais je préférerais savoir parler une autre langue aussi.

– Ça va me servir à m'exprimer, c'est un atout culturel et, bon, pour l'Europe, comme ils en parlent

beaucoup, je crois que c'est important aussi.

Malgré la réduction du choix des options en seconde, ces élèves continueront à apprendre deux langues. Il n'est pas certain du tout que ce soit le choix de l'ensemble des classes de troisième, notamment pour ceux qui visent les sections scientifiques.

Extrait télévisé 5b: L'importance de la lecture
Introduction

Quel est votre auteur préféré? Quel est le dernier roman que vous avez lu? Si vous ne pouvez pas répondre tout de suite, vous n'êtes pas le seul. Un nombre inquiétant de jeunes Français ont perdu le goût de *la lecture*. Un sondage de la *SOFRES* – la Société française d'enquêtes et de sondages – le confirme. Le plus grave, c'est chez les garçons, dont certains n'aiment que les *B.D.* – les bandes dessinées. En effet, beaucoup de lycéens ne lisent que les livres au programme du bac. Mais quelquefois ils sont heureux de découvrir un bon auteur, comme le philosophe du XVIIIe siècle *Voltaire* dont le conte satirique *Candide* reste actuel et divertissant. Evidemment, les élèves qui n'ont rien lu risquent de rester *coincés*, sans rien à dire, le jour du bac. Mais ce n'était pas le cas pour une lycéenne brillante, qui a toujours aimé les livres dès son enfance, et qui a reçu une note exceptionnelle à l'épreuve de français.

Extrait

Deux ouvrages à lire et à relire… transition qui m'étonne moi-même pour vous parler de la fureur de lire qui va s'emparer des Françaises et des Français pour la troisième année consécutive ce week-end. Sous l'égide de Jack Lang, toute une série d'initiatives destinées, bien sûr, à redonner le goût de la lecture. Globalement, les Français lisent de moins en moins et, ce qui est beaucoup plus préoccupant, c'est que ce sont surtout les jeunes qui font défaut. Mais il y a d'heureuses exceptions, comme à toute règle, comme l'a constaté Monique Atlan.

Vingt sur vingt au bac français. Pour Michèle Zanutini, la surprise est de taille. Mais cette jeune Niçoise de dix-sept ans qui veut devenir expert-comptable, sait à quel point son amour des livres a favorisé cet exploit.

– Pour faire une dissertation, on est obligé d'avoir lu des livres, parce qu'on doit… on doit raconter des expériences personnelles et des lectures personnelles. Donc, si on n'a rien lu, on reste coincé devant sa copie et on ne peut rien faire. C'est mon père qui m'a donné le goût de la lecture, parce qu'on avait beaucoup de livres chez nous et il n'arrêtait pas de me montrer des livres, de me parler d'auteurs et tout ça.

Mais aujourd'hui cette dévoreuse de livres semble être parmi ses amis de lycée l'exception qui confirme la règle.

– Tu saurais expliquer pourquoi tu n'aimes pas lire?

– J'ai pas la patience. J'ai pas le temps et… bon.

– C'est plutôt un effort.

– On a la télévision. On a tout ce qu'il faut, donc on n'a pas trop envie de passer deux jours à lire un livre alors que l'émission, ça dure dix minutes, on a su la même chose.

Ces impressions, un sondage de la SOFRES les confirme. Les jeunes lisent de moins en moins, et parmi les seize/dix-huit ans les garçons lisent moins que les filles: ils n'aiment que les B.D. – elles s'intéressent aux romans, à la poésie, à l'histoire. Bilan décevant, certes, mais quand on a dix-sept ans il suffit d'un livre pour que le plaisir de lire s'exprime.

– Tu as déjà lu un livre de Voltaire?

– Moi, le *Candide.* Mais, c'est sûr, c'était pour le bac qu'on l'a présenté. Mais j'avoue que j'étais agréablement surpris, quoi, et que je ne m'attendais pas à ce style.

– Ça me donne envie de parler du livre *Fahrenheit 451,* parce qu'il prêche la lecture dans une société où justement la lecture est bafouée, où les livres sont brûlés. On veut empêcher la société de penser, alors que les livres émettent des idées, ils amènent à réfléchir.

Et si, au fond, tout cela n'était qu'une question de rencontre, rencontre intime, unique, décisive entre un livre et son jeune lecteur, mais rencontre trop souvent abandonnée au seul hasard par des adultes trop souvent indifférents.

■■ UNITE 6 Le monde du travail

Extrait télévisé 6a: Le travail dominical
Introduction
Le dimanche, pour les chrétiens, c'est le *Jour du Seigneur,* mais si certains Français ont gardé la tradition d'aller à la messe avant de déjeuner en famille, pour d'autres le dimanche est plutôt un jour de détente, ou même un jour tout comme les autres. Ceux qui travaillent du lundi jusqu'au samedi aiment faire des achats le dimanche, mais la loi interdit l'ouverture de la plupart des magasins. N'empêche: certains magasins ouvrent en situation illégale, sachant qu'ils vont réaliser un pourcentage important de leur *chiffre d'affaires* le dimanche. Dans un tel cas, *la Préfecture* – les services d'administration du département – peut évidemment faire appliquer la loi, comme elle l'a fait en *Charente-Maritime.* L'entreprise concernée a trouvé une solution originale: si les employés travaillent à l'œil, comme on dit, sans être payés, le magasin peut ouvrir en toute légalité. Et il y a des employés qui préfèrent travailler pour rien le dimanche plutôt que de se retrouver sans travail, *licenciés,* si l'entreprise essuie des pertes.

Extrait

Quand le problème du chômage se télescope avec celui du travail dominical… Les autorités préfectorales ayant rappelé une petite entreprise de Charente-Maritime à ses obligations légales de fermeture le dimanche, les salariés ont préféré travailler à l'œil un dimanche sur deux plutôt que de voir en gros la moitié d'entre eux partir à l'ANPE. Reportage François Privat…

Tous les moyens sont bons pour défendre le travail du dimanche. Soldoga, une solderie-bazar située à quelques kilomètres de Royan, ouvre depuis presque dix ans le Jour du Seigneur, en toute illégalité. Depuis le début de l'année, la Préfecture de Charente-Maritime a décidé de faire systématiquement appliquer la loi en envoyant ses gendarmes.

– A nos yeux c'est une situation de fait que le chef d'entreprise a lui-même créée. Et nous n'avons pas à ratifier en quelque sorte cette situation de fait qu'il a créée lui-même.

Ce magasin, situé en milieu rural, réalise plus de 20% de son chiffre d'affaires annuel le dimanche. En cas de fermeture, neuf salariés sur vingt seront licenciés. Pour défendre leurs emplois, ils ont alors trouvé un moyen d'action plutôt original.

– Nous, on ouvre le dimanche carrément tout seuls, sans patron, en bénévolat, de façon qu'en conservant le chiffre d'affaires il puisse nous garder tous. A ce moment-là s'il perd de chiffre, on ne peut pas conserver notre emploi.

Aujourd'hui, comme tous les dimanches, la clientèle a répondu «présent», mais elle s'interroge aussi sur l'avenir de cette solderie.

– Toute une semaine les gens travaillent. Ils viennent ici le dimanche pour une distraction, pour acheter ce dont ils ont besoin, et tout ferme.

– C'est dégueulasse. C'est dégoûtant.

C'est le seul jour où les gens ont le temps de dépenser leur argent, c'est le dimanche.

C'est le ministère du Travail qui vient d'hériter de ce délicat dossier, avec, dans la balance, l'avenir de neuf emplois.

ANPE: Agence Nationale Pour l'Emploi

Extrait télévisé 6b: Eclairement dans les usines
Introduction

Dans la société moderne, la production à la chaîne est une réalité quotidienne. Combien des produits que vous voyez dans les *rayons* d'un supermarché viennent d'une usine, par exemple? Or, de nos jours, les usines doivent respecter la santé de leurs employés, et la plupart d'entre elles comprennent le lien entre le bien-être de leurs salariés et la productivité. La *médecine du travail*, comme on l'appelle, cherche donc à améliorer les conditions de travail pour que les employés restent en bonne santé – chose importante pour l'économie du pays également, car les congés de maladie coûtent très cher à la *Sécurité sociale*.

Dans une usine de jus de fruits, l'*éclairement* joue un rôle essentiel. En installant des *rampes*, des rangées de lumières qui sont allumées par un ordinateur central, une usine a pu éliminer les accidents chez les *caristes*, ceux qui conduisent les chariots automoteurs.

Extrait

A Nice, un congrès sur la médecine du travail. Il y est question, bien sûr, des conditions de travail dans les usines. Exemple, l'éclairement, c'est comme cela que l'on appelle l'ensemble de l'éclairage naturel et artificiel. Dans l'usine de jus de fruits que vous allez voir, on a compris que les efforts dans ce sens pour mieux éclairer amélioraient le bien-être des ouvriers, mais aussi la productivité. Jean-Daniel Flesaquier et Jean-François Chevet éclairent notre lanterne.

Ici, à Nuits St. George en Bourgogne, on conditionne des jus de fruits et parce que pour cela on doit en voir de toutes les couleurs, on a fait un travail de fond sur le niveau d'éclairement dans cette usine. Quelle que soit l'heure du jour et surtout quelle que soit l'heure de la nuit, l'intensité d'éclairage est la même partout. Grâce à une série de cellules photoélectriques, un ordinateur central va automatiquement allumer les rampes. Lorsqu'il fait jour, une seule rampe s'allume. Lorsque le jour décroît et lorsque la nuit tombe, ce sont deux ou trois rampes qui vont éclairer pleinement l'usine. Résultat – un confort visuel accru, une vigilance plus grande et un nombre d'accidents en chute libre. Il n'y a d'ailleurs plus d'accidents depuis deux ans chez les caristes qui manipulent des palettes parfois à cinq mètres de hauteur, et qui ne sont plus éblouis lorsqu'ils passent de l'obscurité à la lumière grâce à un ingénieux système de spots qui permet d'éviter les éblouissements. Et puis, lorsqu'on a beaucoup de lumière sur la tête, on a beaucoup moins mal dans le bas du dos.

Ça peut paraître tout à fait paradoxal, mais un éclairement mal adapté, un éblouissement vont engendrer une mauvaise position, une mauvaise posture, de l'opérateur, du salarié et occasionner éventuellement des cervicalgies, ça veut dire des douleurs au niveau du cou, du dos, voire des lombalgies. Vous savez très bien que ces lombalgies, c'est un coût très important pour les entreprises ainsi que pour la sécurité sociale.

L'investissement était de 500.000 francs environ, mais rien n'est trop cher lorsque l'on se bat contre ses concurrents dans les rayons du supermarché.

– Une étiquette un petit peu de travers ou un petit peu moins appétissante qu'une autre va vous éloigner du produit et donc on fait beaucoup de contrôles d'aspect. Ces contrôles d'aspect nécessitent donc des niveaux d'éclairement, des niveaux de rendu de couleur notamment pointus et cette réalisation nous a permis de nous mettre en phase avec ça. Ce qui n'était pas le cas auparavant.

Employeurs et salariés, chacun y trouve son compte, un exemple que pourraient suivre nombre d'entreprises qui, en matière d'éclairage, font souvent des économies de bout de chandelle.

▮▮ UNITE 7 Les médias

Extrait télévisé 7a: L'Humanité
Introduction
En temps de crise économique, les gens doivent faire des économies, et la presse en est une victime. En plus, nous vivons dans une époque où le capitalisme semble gagner du terrain: avec la chute du mur de Berlin, la désintégration de l'Union Soviétique, on peut parler du *recul des valeurs de gauche* en général. La presse communiste en France se trouve particulièrement menacée. C'est le cas de *L'Humanité*, le seul quotidien national qui soit communiste. En 1992, *L'Humanité* a enregistré une perte considérable, et ce *déficit* a obligé les dirigeants du journal à chercher une nouvelle *formule*. Mais est-ce qu'elle réussira à conquérir de nouveaux lecteurs?

Extrait
Le *New York Post*, le plus vieux quotidien des Etats-Unis, a bien failli fermer ses portes pour raisons financières, mais au tout dernier moment, un généreux donateur a apporté un chèque de 300.000 dollars. Une information qui va peut-être faire rêver les dirigeants de *L'Humanité*. Le journal communiste français se bat en effet pour sa survie. *L'Huma* a perdu environ 10.000 lecteurs en dix ans. Pour tenter de remonter la pente, *L'Humanité* a lancé ce matin une nouvelle formule. Reportage: Patricia Charnelet, Claude Barnier.

L'Humanité joue aujourd'hui sa survie. Le journal doit conquérir de nouveaux lecteurs. Pour la première fois, ses dirigeants n'excluent pas sa disparition. Avec 30 millions de déficit en 91 et 10 millions de perte en 92, *L'Humanité* doit gagner 15.000 lecteurs de plus en trois mois.

– Si des choses ne changent pas, *L'Humanité* peut disparaître. En effet, parce que *L'Humanité* subit de plein fouet la crise de la presse qui est très profonde et, en plus, s'accumulent pour nous des données qui nous sont particulières, c'est-à-dire l'explosion des pays de l'Est, la baisse de l'influence communiste dans la société, le recul des valeurs de gauche en général dans la société, ont entraîné une situation maintenant où si on ne change pas les choses on ne pourra pas continuer à exister.

Si *L'Humanité* reste un journal communiste, sa forme et son contenu évoluent. Le journal est plus moderne dans sa présentation et, sur le fond, l'information est séparée du commentaire. C'est en tout cas la nouvelle volonté officielle. Fondée il y a quatre-vingt-quatre ans par Jaurès, c'était en 1904, *L'Humanité* n'a que quelques semaines pour ne pas mourir.

Extrait télévisé 7b: Les prix de la télévision

Introduction
Comment juger du succès d'une *émission* de télévision? Selon le nombre de *téléspectateurs* ou selon la qualité des programmes? Les deux aspects sont reconnus dans la distribution des prix qui s'appellent les *Sept d'Or*. C'est pour nous l'occasion d'en savoir un peu plus sur la chaîne qui a présenté les informations dont nous avons tiré ces extraits de *Dossier TV*. *Antenne 2*, ou depuis peu *France 2*, est la seule chaîne nationale qui soit publique. Malgré les contraintes budgétaires, France 2 se félicite de dépasser ses rivales pour certaines émissions, parmi lesquelles on doit compter les magazines culturels. La culture est le domaine privilégié, l'*apanage* de la chaîne publique. Mais Antenne 2 ou France 2 reconnaît qu'elle ne peut pas rivaliser avec TF1, la première chaîne nationale privée, en ce qui concerne certaines *variétés*, spectacles qui attirent toujours le grand public.

Extrait
Suite de la distribution des prix avec, cette fois, les bons élèves de la télévision. En direct sur Antenne 2 dans un petit quart d'heure, la septième nuit des Sept d'Or. Et, pourquoi ne pas le signaler – et nous en féliciter au passage – pas moins de soixante-huit nominations pour le service public, de réelles faiblesses en ce qui concerne les variétés ou le divertissement mais, comme va nous le rappeler Georges Bégou, de vraies réussites en ce qui concerne l'info, le sport et la culture.

Un magazine d'information à 20 h 30, un pari, une innovation du service public, un succès.

– Quand, il y a deux ans et demi, on a commencé avec Bernard cette émission, on a demandé à Jean-Michel Gaillard, le Directeur Général d'Antenne 2 à l'époque, «Quelle audience vous attendez de cette émission?». Il nous a répondu, «Faites de la qualité, vous verrez qu'à terme vous aurez l'audience.» A priori, tout le monde nous disait que les Français avaient besoin de paillettes, de champagne, de variétés, etc. Or il se trouve qu'à chaque fois, chaque jeudi soir, lorsque nous avons une variété en face de nous, comme c'était le cas jeudi dernier, on fait pas loin disons jeu égal avec TF1, avec *Sacrée soirée* en l'occurrence. Et c'est ça qui est formidablement réconfortant, à la fois pour le service public, réconfortant pour la rédaction d'Antenne 2, et bien sûr réconfortant pour le téléspectateur qui, je crois, ne s'y trompe pas.

Vive le sport sur A2, et ça marche, bien que le service public n'ait pas les gros moyens de la concurrence.

– C'est vrai qu'on a peut-être un petit peu moins d'argent que les autres, mais on essaie de compenser par de la débrouille, par le savoir-faire et par les talents. Quand on écoute les commentateurs, quand on voit les reportages de…, les commentateurs comme…, etc., bon, le public s'y trompe pas, quoi. C'est-à-dire qu'on essaie de faire le mieux possible le boulot pour faire plaisir à tous ceux qui aiment le sport, et puis ça se sent, et puis ça se traduit de temps en temps par un Sept d'Or même si c'est moi qui ai la chance de le récolter de temps en temps, mais je le récolte au nom de l'équipe, selon la formule consacrée, puisqu'on le dit tous, hein.

La culture, apanage du service public, récolte avec Bernard Pivot le record des Sept d'Or. Est-ce paradoxal?

– Je pense que nos confrères de l'ensemble des chaînes et de la SFP nous ont attribué pas mal de Sept d'Or, un peu par compensation. C'est-à-dire, les uns ont beaucoup de public, et puis nous, animateurs de magazines culturels, nous avons beaucoup de Sept d'Or.

– L'avenir appartient à l'exigence, à la qualité, et… que des émissions qui ne sont pas sans intérêt, bien entendu, puisqu'elles rencontrent leur public, mais qui sont peut-être plus faciles, s'effriteront au fil du temps, au fil des mois, et qu'au contraire des émissions un peu plus exigeantes – qui resteront malgré tout des émissions populaires – recueilleront de plus en plus de suffrages du public. J'en suis convaincu.

Quant à ce soir, que les meilleurs gagnent!

❚❚ UNITE 8 Les loisirs

Extrait télévisé 8a: Neige et ski
Introduction
Pour les vacances d'hiver, la France est dotée d'au moins deux régions magnifiques, les Alpes et les Pyrénées. Mais il y a toujours une légère rivalité entre les deux. Par exemple, pendant les Jeux olympiques d'hiver, les *Savoyards* et les *Pyrénéens* cherchent tous les deux à attirer les touristes. Est-ce que les hôteliers et les services d'accueil réussiront à jouer la carte des Jeux olympiques, ou est-ce que les stations olympiques seront *boudées*, évitées par des clients qui ont peur d'y retrouver toute une foule, une véritable *cohue*?

Comme le marché des sports d'hiver connaît une crise depuis quelques années, avec une *conjoncture maussade* comme disent les économistes – c'est-à-dire un avenir incertain – cette année, on attend la première *couche de neige* avec impatience. Si elle tombe plus tôt que prévu, certaines *pistes* ouvriront bien avant Noël, ce qui fera plaisir aux skieurs et aux stations en même temps.

Extrait
C'est sans doute de bon augure à quelques mois seulement des Jeux olympiques d'hiver: la neige est tombée plus tôt que prévu cette année. Après quatre saisons difficiles, on skiera dès demain dans quatre stations de Savoie. D'autres stations ont décidé d'ouvrir mais seulement pour un week-end. Seule ombre au tableau: la guerre qui oppose en ce moment la Savoie aux Pyrénées. Les Savoyards n'ont pas apprécié que certains Pyrénéens, pas tous, profitent des Jeux olympiques pour demander aux touristes de changer un peu d'air. On prend un peu d'altitude en compagnie de Claude Régent.

De la neige à la pelle, des engins-dameurs qui serrent les rangs après leur repos estival. Trente centimètres de neige à la station, un mètre vingt en haut des pistes. Val Thorens a ouvert aujourd'hui, tout son domaine, comme Tignes, les Deux Alpes et l'Alpe d'Huez. Pour cette saison olympique, la neige est en avance.

– Ça fait une sous-couche qui prépare les pistes de manière

formidable et, même si on doit connaître une pénurie dans le courant du mois de décembre ou de janvier, de toute façon là on a une couche qui permet d'aller au moins jusqu'aux vacances de février sans aucun problème.

Ça c'est la Tarentaise heureuse, mais une inquiétude pointe: les stations olympiques sont boudées par la clientèle pendant la période des Jeux.

– Pendant les Jeux, vous pensez venir skier aussi?
– Il y a peut-être trop de monde, j'irai peut-être plutôt dans la Morienne ou plus bas encore, dans le sud.

Cette crainte de la cohue est exploitée par les sites concurrents. Les stations situées dans le domaine olympique ripostent:

– On a encore énormément de disponibilité aussi bien en hôtel qu'en location et, même si tant est qu'on arrive à remplir pendant cette période-là, toutes les structures sont mises en place pour que l'on puisse donner le service que les gens sont en droit d'attendre pour un événement de cette dimension.

Ces débuts de polémique entre stations interviennent dans une conjoncture maussade. Le marché des sports d'hiver stagne depuis quatre ans. La neige précoce est donc particulièrement bienvenue pour doper toutes les stations, olympiques ou non. Si aujourd'hui seuls les champs de neige de haute altitude sont ouverts, on s'attend à des ouvertures anticipées les week-ends à venir dans de nombreux massifs.

Extrait télévisé 8b: Un peintre moderne: Chauray
Introduction
Aimez-vous l'art moderne, l'abstraction, les énigmes? Ou préférez-vous l'art classique, par exemple *la nature morte* qui veut que le tableau ressemble au plus près possible à l'objet que l'artiste représente? C'est une question de goût, certes, mais les Français, les Américains et les Japonais sont

d'accord pour admirer le génie d'un peintre moderne français, *Jean-Claude Chauray*, dont les *toiles* – les peintures – sont exposées dans le monde entier.

Chauray habite à *La Rochelle*, une belle ville de la côte Atlantique en Charente-Maritime. Il trouve que la lumière et les fruits de La Rochelle lui vont bien. Oui, les fruits, parce qu'il aime peindre les *coupes de fruits*. Pour Chauray, la peinture n'est pas du tout une question d'*esbroufe*, de bluff. Il veut que ses fruits vous donnent envie d'y mordre.

Extrait
Si vous êtes à l'heure du dessert, je vous propose quelques coupes de fruits particulièrement appétissantes. Point d'excès caloriques à redouter puisque ces coupes de fruits sont signées du peintre Jean-Claude Chauray, maître français de la nature morte, qui expose actuellement à New York où il rencontre un succès tout à fait considérable, certaines de ses toiles s'envolant à 100.000 dollars. Ce qui fait tout de même chère la pomme ou la poire. Reportage George Bégou et Alexandre Marshall.

– Même dans les rues de Manhattan, Chauray ne peut s'empêcher de croquer une pomme. Dans une fin de siècle où l'art se cherche, où l'abstraction n'a plus toutes les faveurs des collectionneurs américains, Chauray se taille la part du lion avec ses natures mortes. Certains critiques lui font l'honneur d'évoquer à son propos Vermeer et Chardin. La galerie Finlay, qui l'a sous contrat, l'exposera bientôt au Japon. Une toile de cette dimension vaut aujourd'hui environ 500.000 francs.

C'est à La Rochelle que Chauray a ses habitudes:

– Bonjour, Monsieur Chauray. Ça va? Vous allez prendre des légumes?
– Oui, ça va. Vous avez des pommes rouges?
– Ça c'est bon. D'accord.

Dans son art, pas d'esbroufe, Il travaille à l'ancienne ses compositions.

– Ah, la lumière, je n'essaie pas de

la faire venir de l'extérieur, je crois qu'elle se trouve en fait dans la matière et j'essaie de la faire venir de l'objet lui-même.

A gauche, les objets réels, à droite, le tableau. Une technique parfaite. Le classicisme tranquille de Chauray lui permet d'espérer, tant qu'il y aura des pommes, d'échapper à tous les phénomènes de mode.

❚❚ UNITE 9 La société

Extrait télévisé 9a: Métiers et jeunes
Introduction
Pour les jeunes qui ne pensent pas poursuivre leurs études après le bac, comment choisir un métier? Comment s'informer sur la réalité de la vie professionnelle dans tel ou tel secteur? Si vous habitez près de Paris, ou si vous pouvez vous y rendre, un conseil: allez au Salon de l'aventure des métiers. C'est un lieu de rencontre entre professionnels et jeunes… et moins jeunes aussi. Vous aurez la possibilité de vous renseigner sur plusieurs *filières*, plusieurs orientations à suivre. Et, en posant vos questions directement aux gens qui font déjà le métier qui vous intéresse, vous aurez toutes les chances de partir sur la bonne *piste*. Le Salon présente aussi un autre avantage: la possibilité par la suite de passer *une journée en entreprise*, pour essayer un métier que vous ferez peut-être pendant toute votre vie active.

Extrait
Aller à l'école, c'est bien. Trouver un métier, c'est encore mieux. Jusqu'au 12 février est organisée, à la Grande Halle de la Villette à Paris, l'Aventure des métiers, l'occasion pour de nombreux jeunes de trouver leur voie, comme on dit à la SNCF ou, en tout cas, des pistes sérieuses pour leur avenir professionnel… Reportage: Chantal Kimmerlin, Jean-Marc Surcin…

Un conseil avant d'entrer dans le Salon. Comme l'Indien, il faut être vigilant et savoir se pencher sur la longue piste des métiers pour en trouver un. Quarante carrefours pour les filières, plus de trois cents métiers,

et des professionnels venus parler aux jeunes et aux moins jeunes.

– Je m'aperçois qu'il y a des tas de métiers effectivement dont on parle pas, et finalement qu'on ignore totalement.

– Un métier, ça c'est de quarante ans, c'est une vie complète. Alors il faut prendre quelque chose de costaud qui nous plaît, et c'est pour gagner un peu d'argent, quoi.

– Je regarde, pour les différents métiers. Je n'ai pas d'idées précises.

– Une fois qu'on est rentré dans une école je pense qu'il faut en sorte qu'on soit placé en sortant.

Depuis cinq ans, les quatorze–seize ans viennent au Salon de plus en plus nombreux, et de toutes les régions de France. Ils ont cependant tous la même inquiétude: celle du chômage.

– Ah, oui. Ils demandent si ça va bien, si on trouve du travail facilement.

Après la visite, une centaine d'entreprises offrent le ticket pour le départ. Il permet aux jeunes de s'inscrire pour une journée en entreprise. C'est déjà ça de gagné.

Extrait télévisé 9b: Boutiques de l'abbé Pierre
Introduction
Comment trouver du travail quand on est au chômage et, pire, sans adresse fixe? Et quand, en plus, on est mal habillé et négligé? Pour les *sans-abri*, les gens qui vivent littéralement dans la rue, il y a maintenant, à Valenciennes, la possibilité d'aller faire leur toilette dans les *boutiques-solidarités* de l'*abbé Pierre*. Ce prêtre, qui a consacré sa vie à la défense des plus *démunis*, des plus pauvres, cherche à redonner espoir aux

chômeurs. La mairie de Valenciennes, pour sa part, leur propose des contrats de RMI – Revenu minimum d'insertion – pour travailler dans les boutiques de l'abbé Pierre; les clients des boutiques sont principalement d'autres chômeurs. Ainsi, certains peuvent continuer à exercer leur métier – jardinier, coiffeuse, par exemple – pour un revenu modeste mais honnête, et avec l'espoir de se réinsérer dans la société.

Extrait
Illustration sur le terrain: à Marseille, comme dans le nord, dans la région de Valenciennes, les personnes que nous avons rencontrées sont sorties du cercle vicieux: problème de logement, pas d'adresse, pas de travail, grâce à un contrat de RMI-ste obtenu par les nouvelles boutiques lancées par l'abbé Pierre. Les boutiques «solidarité» sont d'abord, vous allez le voir, un lieu d'accueil extraordinaire. Reportage de Luc Basizin et Jean-François Becquet.

Au bord de l'Escaut à Valenciennes, cette maison portera dorénavant le nom de boutique. Ici les sans-abri viennent trouver les commodités d'un toit. L'eau est fournie gratuitement, des salles de bains sont mises à disposition pour que chacun puisse y faire sa toilette. Parce qu'il est indispensable de soigner son apparence pour obtenir un emploi, la boutique «solidarité» de Valenciennes offre également une blanchisserie, des services de petite couture, et un salon de coiffure. Linda a obtenu son CAP de coiffeuse en Belgique, diplôme non reconnu en France. Pour elle, la boutique de l'abbé Pierre c'est d'abord l'opportunité de travailler et d'acquérir une expérience professionnelle.

– Je continue à coiffer. J'ai une petite fille à élever, je suis seule, célibataire, j'ai besoin d'argent.
– Et combien ça vous fait?
– Ça me fait à peu près trois mille par mois, alors qu'avant je touchais que deux mille francs pour élever ma fille.

Les pensionnaires de la boutique sont près de quarante à venir ici chaque jour.

– Vous savez, je suis un type qui habite dans la rue et je m'appelle Marcel Houligaud. Je suis sans ressources, je n'ai pas de travail, je n'ai rien. Aujourd'hui, j'ai été chez le coiffeur, c'est mademoiselle qui m'a coupé les cheveux, je suis très content. J'aurais dû aller chez un coiffeur, j'aurais dû payer combien, alors que je n'ai pas les ressources?

Raymond, lui, vit dans une caravane. Maintenant, il travaille ici et s'occupe du jardin.

– J'ai été licencié, j'étais chômeur et après c'est la mairie qui m'a repris avec les RMI.

Les mairies et certaines associations locales travaillent de concert avec les boutiques «solidarité». En projet, offrir bientôt des lits pour que les plus démunis puissent eux aussi dormir au chaud.

▌▌ UNITE 10 Le monde de la politique

Extrait télévisé 10a: L'immigration
Introduction
L'accueil des exilés politiques est une vieille tradition française. Au XXe siècle, d'autre part, plusieurs régimes politiques ont encouragé des étrangers à venir s'installer en France afin de contribuer au développement économique du pays. Et l'immigration se poursuit de nos jours, suscitant un débat politique controversé. Au-delà des préjugés et des idées reçues, que savons-nous sur le dossier de l'immigration? D'où viennent les immigrés? Sont-ils pour la plupart européens, de la *CE*, ou *maghrébins*, c'est-à-dire originaire du *Maghreb* (l'Algérie, le Maroc, la Tunisie), ou bien africains? Et quand on parle des

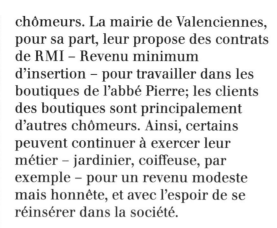

immigrés, il faut distinguer d'autre part entre ceux qui viennent d'arriver en France, et ceux qui demandent leur *naturalisation* – et qui auront donc bientôt la nationalité française. Un nouveau rapport ministériel cherche à fournir des précisions.

Extrait

Grâce à un rapport très précis établi à la demande du ministère des Affaires sociales, on en sait maintenant un peu plus sur un dossier très sensible, celui de l'immigration. Selon ce rapport, la population étrangère en France est restée à peu près stable entre 1982 et 1990, autour de trois millions et demi de personnes, soit 6% de la population totale. Ce qui est nouveau, c'est que l'an dernier, pour la première fois, il y a eu plus de naturalisés d'origine africaine et maghrébine que d'origine européenne. Les détails avec Valérie Gaget.

Depuis 82, le nombre d'étrangers en France s'est stabilisé, mais la population immigrée n'a cessé de se renouveler. C'est ce que montre le rapport publié aujourd'hui par le ministère des Affaires sociales. Les étrangers étaient 3.680.000 en 82, 3.580.000 en 90, soit approximativement 6,3% de la population française. Il n'y a donc pas plus d'étrangers qu'avant, ce qui ne veut pas dire qu'il ne rentre plus d'étrangers en France. 100.000 immigrés sont légalement arrivés dans notre pays en 90, mais ces arrivées sont compensés par le fait que beaucoup d'étrangers deviennent français. Ils sont en effet de plus en plus nombreux à demander leur naturalisation, ou à obtenir la nationalité française en épousant un Français. Enfin, l'évolution de l'origine géographique des étrangers se confirme. La part des immigrés en provenance des pays de la CE continue à baisser. Désormais, deux étrangers sur trois viennent d'un pays extérieur à la Communauté européenne.

Extrait télévisé 10b: Les femmes au parlement

Introduction

Depuis 1944, les femmes françaises ont le droit de vote et, de nos jours, les hommes et les femmes sont égaux devant la loi. Mais qui fait la loi? Qui est élu dans les élections? Saviez-vous que presque 90% des *députés* qui siègent dans le fameux *hémicycle* de l'*Assemblée nationale* sont toujours des hommes? Et dans l'autre Chambre, le *Sénat*, qui se réunit au *Palais Bourbon*, les femmes ne sont pas nombreuses non plus. Pourtant, les femmes peuvent arriver au pouvoir en France: Edith Cresson a été premier ministre; la CFDT, la Confédération française des travailleurs, l'un des syndicats les plus importants, est dirigée par une femme. Alors, si les femmes occupent peu de sièges à l'Assemblée nationale, est-ce la faute des électeurs ou des partis politiques? Considérez les statistiques fournies dans le reportage suivant quant aux candidates que présentent les grands partis politiques: pour la droite, l'*UDF* et le *RPR*; pour la gauche, le *PS*; pour l'extrême droite, le *Front national*; pour les communistes, le *PC*, sans oublier les *Verts* et un autre mouvement «vert», *Génération écologie*.

Extrait

A Manille, les femmes députés philippines ont pris symboliquement aujourd'hui la Présidence de l'Assemblée. Aux Philippines, les femmes représentent un peu plus de 10% de l'Assemblée nationale. On est loin du compte en France où l'on dénombre 33 femmes députés sur 577. Au plan européen, la France est à l'avant-dernière place, juste devant la Grèce, et le 28 mars nous serons très probablement lanterne rouge européenne. Reportage de Geneviève Moll et François Granier sur les difficultés des femmes qui s'engagent malgré tout.

Vous en voyez beaucoup, des femmes, vous, dans cet hémicycle? Et

dans les couloirs du Palais Bourbon? Eh bien, ça risque d'être pire encore dans la prochaine Assemblée. Sur les quelques 5.500 candidats enregistrés, seulement un millier sont des femmes. Et selon une projection faite par le Conseil national des femmes françaises, un peu moins de 5% peuvent être élues.

– Plus un parti a de chances d'avoir des élus, moins il présente de femmes. Plus un parti a peu de chances d'avoir les candidats, et plus il y a de femmes. On voit donc qu'il y a là un processus tout à fait conscient d'élimination des femmes.

Chiffres à l'appui. Parti socialiste, UDF, RPR: entre 6 et 8% de candidates. Pour le Parti communiste et le Front national, c'est mieux: entre 12 et 16%. Génération ecologie: 19%. Mais les Verts qui prônaient la parité n'en sont plus qu'à 13% de candidates.

– Il y a 30% de femmes chez les Verts. Chez les Verts il y a 15% de candidates. C'est largement insuffisant. Cela dit, le mode de scrutin majoritaire, s'il est injuste parce qu'il ne permet pas à tous les courants de pensée présents dans la société d'être représentés au sein du parlement, le mode de scrutin majoritaire est particulièrement discriminatoire pour les femmes, parce qu'il les écarte encore plus de la participation dans la vie démocratique.

Le document du Conseil national des femmes françaises détaille la répartition des candidatures par région. Le Limousin, de vieille tradition résistante, arrive en tête avec 25% des candidates. La Corse est bonne dernière, avec zéro femme en Corse du sud. Pourtant les femmes se battent dans la vie publique, dans les associations, dans les syndicats, à la CFDT par exemple, dirigée depuis l'année dernière par Nicole Nota. Mais à quel prix ce combat?

– Moi, personnellement, j'essaie d'allier et ma vie de famille – j'ai deux grands enfants de seize et treize ans – et le militantisme, mais c'est très dur. Et pourtant j'ai un mari extrêmement compréhensif, militant, et qui fait pratiquement tout à la maison.

Elles se battent donc. Et finalement, qui les coiffent au poteau? Les hommes, bien sûr!

KEY

Unité 1

Extrait télévisé 1A
Vous avez bien compris?
Avant... **2** a, vi; b, i; c, iii; d, viii; e, ii; f, v; g, ix; h, vii; i, iv
Après... **1** **a** Elle démissionne, rend son écharpe; **b** isolée, belle, bien préservée, déserte; **c** 7; **d** elle s'écroule, elle est en très mauvais état; **e** elle reçoit les touristes à sa ferme-auberge. **2 a**, ii; **b**, ii; **c**, ii
Un peu de grammaire
a reçu, ont décidé, ont choisi, ont prévu, ont organisé, avaient, avait, ont-ils vécu, a-t-il bouleversé, j'ai pris, ont loué, se levaient, passaient, revoyais, sortaient, allaient, se promenaient, sont partis, ont repris, a déjà annoncé

Article de presse 1A
Vous avez bien compris?
Après... **1 a** marchand de vaches; **b** Le Verdier; **c** électrotechnique; **d** Jean-Paul Cambray; **e** 34; **f** Cédric, Jérémy. **2 a** 18.000; **b** la brume; **c** une vendeuse; **d** à 2 heures du matin. **4** Rien ne destinait Huguette au métier de la boulange; Elle parcourt son domaine quel que soit le temps; Les aboiements des chiens signalent son arrivée; Il faut à tout prix respecter les horaires.

Extrait télévisé 1B
Vous avez bien compris?
Avant... **2** a, iii; b, i; c, ii; d, iv
Après... **1 a** la pollution et les embouteillages; **b** les piétons et les cyclistes; **c** 125.000; **d** ils ont peur que leurs clients ne préfèrent aller faire leurs courses à l'extérieur de la ville; **e** d'environ 5.000 places de parking. **2** pied, satisfaite, calme, prévu, embouteillages, vraiment, se passe. **3 a** F; **b** F; **c** V; **d** F.
Un peu de grammaire
1   On pourrait ouvrir/On ouvrirait une halte-garderie où les mères pourraient laisser les petits enfants.
2   On pourrait créer/On créerait de nouveaux espaces verts.
3   Pour le troisième âge, nous proposerions des visites guidées.
4   Sur la grande place, on pourrait organiser/On organiserait un festival de jazz.
5   On pourrait rendre/On rendrait les terrasses des cafés et des restaurants plus accueillantes.

1   Nous aurions fait seulement deux rues piétonnes.
2   Nous aurions interdit les poids-lourds au centre-ville, mais [nous n'y aurions] pas [interdit] les voitures.
3   Aux heures de pointe, nous aurions employé plus de gendarmes.
4   Nous aurions amélioré les transports publics, et nous aurions proposé des tarifs réduits de 9 h 30 à 11 h 30 et de 14 h 30 à 16 h 30.
5   Nous aurions demandé des parcmètres avec une durée maximum de 45 minutes.

Article de presse 1B
Vous avez bien compris?
Après... **1 a** Les rue piétonnes... à leur égard; **b** Mais aussi, certaines zones... la nuit tombée; **c** Certaines opérations... du centre-ville; **d** Elles ont fini... leurs habitants; **e** Et les villes... la délinquance; **f** Le principe... se développer. **2 a** une meilleure qualité de la vie dans une ville sans bruit, sans pollution, plus sûre pour les enfants; **b** elles ont perdu leur caractère urbain, c'est-à-dire le mélange d'activités; le patrimoine bâti se dégrade et il y a plus de délinquance; **c** les commerçants les ont combattues; **d** ils n'habitent plus au-dessus de leur boutique; ils ont même parfois détruit les escaliers menant aux étages; **e** dans les vieux centre aux ruelles tortueuses ou dans les rues très commerçantes.

Unité 2

Extrait télévisé 2A
Vous avez bien compris?
Avant... a, vi; b, iii; c, iv; d, vii; e, ii; f, v; g, i
Après... **1 a** V, **b** F, **c** V, **d** F, **e** F; **2** différence, normaux, soient, brouillard, peu. **3** phares blancs: moins chers; phares jaunes: moins éblouissants selon les conducteurs, plus efficaces dans le brouillard.
Un peu de grammaire
nouvelle ligne – journaux français et anglais – jeu amusant – grande ville italienne – villa espagnole – Bus Verts – information générale – grandes réductions – petit questionnaire – parapluies de golf verts ou rouges

Article de presse 2A
Vous avez bien compris?
Après... **2 a** dans les pharmacies; **b** pour encourager les automobilistes à faire le test d'alcoolémie; **c** oui; **d** non; **3 a** 38%; **b** 4.000; **c** zéro; **d** 120.000; **e** 3, 17; **f** 85%; **4** l'alcootest révèle une couleur différente selon que le taux d'alcool dans le sang est plus ou moins élevé

Extrait télévisé 2B
Vous avez bien compris?
Avant... a, ii; b, v; c, i; d, iv; e, iii
Pendant... **a** décembre; **b** 90 km; **c** ultra-léger, très économique; **d** le conducteur; **e** cinq allers et retours par jour
Après... **1 a**, ii; **b**, i; **c**, ii; **d**, ii; **e**, ii; **2** conflit, syndicats, plus, répondre, lignes, sauvetage, vouloir, confient
Un peu de grammaire
1   il est vrai que vous êtes sûr – déclare que la réservation n'est pas – Pas question d'avoir
2   déclare que la réservation obligatoire n'est pas – Il ne s'agit pas là d'une réservation – il est vrai/certain qu'on ne peut pas

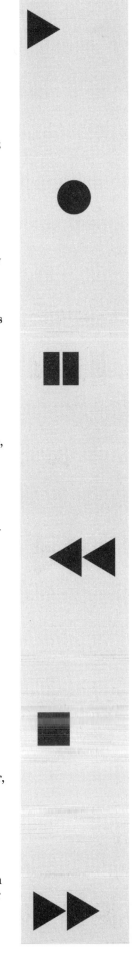

Article de presse 2B
Vous avez bien compris?
Après... **3 a** British Rail; **b** beaucoup de chats sont gavés par les employés; **c** d'un train venu de l'Ouest; la gare de Paddington; **d** Railtrack pense qu'ils coûtent trop cher.

Unité 3
Extrait télévisé 3A
Vous avez bien compris?
Avant... a, iv; b, v; c, i; d, ii; e, iii
Après... **1 a** la cathédrale; **b** les coureurs cyclistes; **c** la glissade, la chute; **d** le macadam; **e** huit kilomètres. **2** XVIIIe siècle, d'autoroutes, voies, riverains, communes, année, secteurs, disparaissent **3** Un autre morceau de notre patrimoine va bientôt être classé; Si ce jeu continuait, nous ne pourrions organiser le Paris-Roubaix; Ça veut dire qu'on ne peut plus y toucher; Les pavés sont de véritables pièges pour les coureurs.
Un peu de grammaire
mondiale – spéciale – tout – dangereuse – entières – inquiète – première – nouvel – nouveau – inédit
inédite – spéciale – mondiale – première – nouvelle – dangereuse – Tout – inquiète
Article de presse 3A
Vous avez bien compris?
Après... **1 a** c'est le terrain où se trouve la tour Eiffel; **b** à la Ville de Paris; **c** par concours; **d** le centenaire de la Révolution française, **e** 20 ans; **f** elle devait être disloquée et vendue au prix de la ferraille; **g** elle servait à la TSF et à des expériences scientifiques; **h** la Ville de Paris. **2** En 1889... On a décidé... La tour devait être... Gustave Eiffel... Au lieu de démolir... Elle demeure.... . **3 a** on s'étonne; **b** elle demeure; **c** la tour aurait dû être disloquée; **d** deux décennies de tourisme.
Extrait télévisé 3B
Vous avez bien compris?
Après... **1 a** celle qu'on voit roule à l'éthanol; **b** ce serait l'occasion de revendre leurs excédents agricoles; **c** trois fois plus chers; **d** 5% **2** a, c, d, b **3** inclure, super, titre, stations-services, blé, bouffée, prêts, fiscale.
Un peu de grammaire
1 Il faut que la municipalité installe...
2 Il faut que la municipalité sensibilise...
3 Il faut que les magasins emploient...
4 Il faut que les supermarchés proposent...
5 Il faut un effort collectif pour l'avenir de la ville.
6 Il faut un bon slogan.
7 Il faut une belle épinglette...
Article de presse 3B
Vous avez bien compris?
Après... **1 a** Le volet paysager de la «loi paysage» rendu facultatif; les procédures de l'urbanisme «simplifiées», **b** Lorsqu'on modernise, on n'embellit jamais; **c** des chirurgiens professionnels auraient fait des opérations ne laissant pas de cicatrices;

d les fonctionnaires, les maires, les architectes, les promoteurs, les ingénieurs de l'Equipement, les constructeurs de grandes surfaces et les agriculteurs; **e** non; **f** il parle de la «grisaille» des banlieues et du mal-être de ses habitants; **g** le tourisme est devenu la première ressource du pays; **h** ils voulaient dépenser à l'intérieur de leur maison, pas à l'extérieur.

Unité 4
Extrait télévisé 4A
Vous avez bien compris?
Avant... a, v; b, vi; c, iii; d, ii; e, i; f, iv
Après... **1** lumière, absorbent, libèrent, lequel, étouffer, transpirent, récupérée, vitre, fonctionne, plutôt, provient, bocal, humide, moyenne, basse **2 a** F; **b** V; **c** F; **d** V.
Un peu de grammaire
1a explique l'équipe – 2b précise un chercheur – 3c s'extasie l'Office du tourisme – 4d a écrit le Préfet – 5e a remarqué le maire – 6f a affirmé un conseiller général – 7g s'exclame Christophe, ajoute Lucie
Article de presse 4A
Vous avez bien compris?
Avant... a, ii; b, iii; c, i; d, v; e, vi; f, iv
Après... **1 a** plus petit que l'œuf d'autruche mais plus gros que l'œuf de poule; **b** près de Canon City au sud de Denver; **c** Ken Carpenter; **d** en trouvant dans le fossile des os d'embryon; **e** le héros bipède, carnivore et monstrueux de *Jurassic Park* ; **f** Steven Spielberg; **g** Michael Crichton. **2** Ils ont comblé les «trous» dans les ADN antiques par des morceaux d'ADN de grenouilles. **3** près de Jezzine, au sud du Liban. **4** Ils ne vivaient pas à la même période.
Extrait télévisé 4B
Vous avez bien compris?
Après... **1 a** une autre merveille technologique, témoignage éclatant du génie français; **b** un mini-combiné de poche qui sert à téléphoner n'importe où et à partir de n'importe où, dans la mesure où on est à proximité d'une borne radio spéciale; **c** il faut se trouver à proximité d'une borne radio et on perd la tonalité quand on s'en éloigne trop; **d** 300; **e** les communications sont 20 à 30% plus chères; **f** Ils espèrent le vendre à un prix abordable, équiper Paris du réseau et ensuite toutes les villes de plus de 50.000 habitants; **g** des cabines publiques.
Un peu de grammaire
ces, ces, cet, ce, ce, cette, ces, ce, ces, cet, cet, ce, ces, cet, cette
Article de presse 4B
Vous avez bien compris?
Après... **2 a** Ils espèrent que ce système antivol se généralisera; **b** un code numérique doit être tapé sur un clavier afin de permettre à la voiture de démarrer; **c** c'est la seule marque à avoir monté un codeur numérique antivol sur ses modèles haut de gamme.

3 c'est un petit boîtier caché dans la voiture et qui renferme son identité; celle-ci est dévoilée quand la voiture passe près d'une borne d'interrogation. **4** elle estime avoir d'autres missions plus importantes que celle de foncer à la poursuite de chaque véhicule suspect. de surveiller les voitures en permanence partout dans le monde.

Unité 5
Extrait télévisé 5A
Vous avez bien compris?
Après... **1** a, iii; b, ii; c, i. **2 a** parce que l'Allemagne est tout près; **b** parce que Strasbourg est le siège du Conseil de l'Europe et de l'Assemblée des communautés européennes; **c** l'anglais. **3** troisième, vivante, facultative, dur, dites, nombre, diminuer, postes, baisse, comprise.
Un peu de grammaire
Madame Botte – sera, obtiendront, sera, verrez, seront, devront, pourrai, ira, recevrons, nous croirons
Monsieur Vitoux – me trouverai, parleront, sera, aura, ferai, liront, donnera, faudra, voudra

Article de presse 5A
Vous avez bien compris?
Après... **1 a** Les séjours... à l'excellence; **b** Certains séjours... établissements scolaires; **c** La plupart des séjours... congés scolaires; **d** Les grands pays... un plus linguistique; **e** Condition sine qua non... une punition. **2 a** par des enseignants ou des organismes spécialisés; **b** les vacances scolaires d'hiver, de printemps et d'été; **c** dans tous les pays d'Europe, aux Etats-Unis, au Canada et dans les pays de l'Est; **d** l'adolescent doit vouloir ce séjour à l'étranger; **e** Que recouvre le prix demandé? L'adolescent est-il assuré? Combien d'heures de cours par semaine? Quelles activités dirigées sont prévues? Qui encadre les adolescents? Comment la famille a-t-elle été sélectionnée? Que peut faire l'adolescent en cas de problème avec sa famille d'accueil? **3** Beaucoup de contact avec les gens du pays: A, B; Facile à organiser: D; Activités prévues: C, D; L'élève risque de passer trop de temps avec ses compatriotes: C, D; Important de choisir des partenaires qui vous ressemblent: B; L'élève doit savoir travailler seul: A; Logement en famille: A, B, C; Logement en groupe: D.

Extrait télévisé 5B
Vous avez bien compris?
Avant... a, iii; b, iv; c, ii; d, i; e, v; f, vii; g, vi
Après... **1 a** les jeunes; **b** 20/20; **c** pour pouvoir citer des lectures personnelles lors d'une dissertation; **d** son père; **e** manque de patience, de temps, préférence pour la télévision; **f** les filles; **g** parce qu'il devait le présenter au bac français; il a aimé le style du roman; **h** parce que justement cela parle d'une société où l'on n'est pas libre de lire ce que

l'on veut. **2** Pour faire une dissertation, on est obligé d'avoir lu des livres; On n'a pas trop envie de passer deux jours à lire un livre; J'avoue que j'étais agréablement surpris; Je ne m'attendais pas à ce style; Il suffit d'un livre pour que le plaisir de lire s'exprime.
Un peu de grammaire
1 Secondary school pupils must read an 18th century writer.
2 The new system means language teachers must attend training courses abroad.
3 How many parents take an interest in their children's progress?
4 Most students are not interested in the option of studying a third foreign language.
5 We are very interested in anything to do with our city's history.
6 The school is expecting good A level results.
7 This class is still waiting for its teacher.
8 Do you expect to pass the exam?
9 My parents expect me to go on an English course during the holidays.

1 Les lycées sont obligés d'accepter...
2 La nouvelle réforme m'oblige à changer de section.
3 Vous vous intéressez aux peintres impressionnistes?
4 Je ne suis pas intéressé par le sujet.
5 Elle a un grand intérêt pour la culture chinoise.
6 Je m'attends à recevoir...
7 J'attends mon ami pour cinq heures.
8 Tu t'attendais à gagner le prix?
9 L'école s'attend à ce que les parents viennent...

Article de presse 5B
Vous avez bien compris?
Après... **1 a** qu'elle est intelligente mais ne sait pas lire; **b** il faut faire des signes avec les mains; **c** à Fontenay-aux-Roses; **d** elle demande à sa voisine d'écrire les réponses puis elle signe au bas; **e** 14 ans; **f** l'une n'aime pas l'école et a déjà redoublé deux classes, l'autre est nulle en orthographe. **3 a** ... les dix numéros fétiches des amis qui dépannent; **b** une bonne à rien; **c** Je suis fière quand je les case dans une phrase; **d** Leur père savait son français sur le bout des doigts.

Unité 6
Extrait télévisé 6A
Vous avez bien compris?
Avant... a, v; b, iv; c, iii; d, i; e, ii
Après... **1 a** F; **b** F; **c** V; **d** F; **e** V; **f** V; **g** F. **2** moyens, défendre, depuis, début, Préfecture, systématiquement, envoyant.
Un peu de grammaire
J'ai un cours de danse à 20 heures le mardi – lundi soir – mercredi – (Ce) mercredi, j'ai une réunion de travail à 18 heures – vendredi – jeudi – le jeudi – jeudi – jeudi

Article de presse 6A
Vous avez bien compris?

Après... **1 a** i) 25%, ii) 2,5%; **b** i) 21%, ii) 47%; **c** Les gens prennent la retraite plus tôt et plus de personnes travaillent le week-end. **2** jeune femme sans qualifications. **3 a** V; **b** F; **c** F; **d** V. **4** 56% des chômeurs sont des femmes; La main d'œuvre non qualifiée enregistre l'augmentation du chômage la plus forte; Le chômage de longue durée a augmenté; Il y a autant d'ouvriers à la chaîne que sept ans plus tôt.

Extrait télévisé 6B

Vous avez bien compris?

Après... **1 a** conditionne; **b** l'intensité; **c** les rampes; **d** accru; **e** éblouis; **f** l'investissement; **g** de bout de chandelle. **2 a** à Nuits St George en Bourgogne; **b** le bien-être des ouvriers est amélioré, ainsi que la productivité; **c** un ordinateur; **d** confort visuel accru, plus grande vigilance, beaucoup moins d'accidents; **e** ils conduisent les chariots automoteurs; **f** car cela rend le produit moins attirant, moins appétissant. **3** rien, bat, concurrents, rayons, étiquette, travers, appétissante, éloigner, contrôles.

Un peu de grammaire

1 quelle que soit l'heure
2 quel que soit le moment
3 quels que soient les goûts de vos enfants
4 Quelle que soit votre destination
5 Quels que soient les renseignements que vous désirez
6 quel que soit l'événement
7 quelles que soient ses difficultés
8 Quelles que soient les inégalités entre ouvriers et cadres

Article de presse 6B

Vous avez bien compris?

Après... **1 a** car une traite de 400.000 F est restée impayée; **b** jardinage, décoration intérieure; **c** un emploi commercial; **d** 4.000 F par mois plus commissions; **e** le Secours catholique; **f** à la limite de l'insalubrité. **2** En réponse à une annonce alléchante publiée dans un journal régional gratuit, elle s'est présentée dans un bar et fut employée; Elle travaille maintenant 48 heures par semaine, au noir, pour moins de 20 francs de l'heure; Elle n'ose pas se plaindre de peur d'être licenciée. **3** PDG, emploi commercial, ramoneur, plombier, électricien, femme de ménage, cuisinière, couturière, mécanicien, serveuse, inspecteur du travail, agent de l'URSSAF, agents de contrôle.

Unité 7

Extrait télévisé 7A

Vous avez bien compris?

Avant... a, ii; b, iv; c, iii; d, i

Après... **1 a** $300.000; **b** 10.000 lecteurs en 10 ans; **c** 30 millions; **d** 10 millions en 1992; **e** 15.000, **f** 1904. **2 a** Le *New York Post*, **b** le recul des valeurs de gauche en général, une profonde crise de la presse, la baisse de l'influence communiste, présentation démodée; **c** présentation plus moderne,

l'information est séparée du commentaire.

Un peu de grammaire

Il y a – en – en – d'ici/dans – au dernier moment – en – Il y a – d'ici/dans – il y a

Article de presse 7A

Vous avez bien compris?

Après... **1**

	fonction	journal
Laurent Gandilot	directeur du marketing et des ventes	*Le Parisien*
Philippe Villin	vice PDG	*Le Figaro et France-Soir*
J-L Péninou	directeur général	*Libération*
Marc Jézégabel	rédacteur en chef	*Infomatin*

2 Alain Carlier, Patrick Dutheil, Philippe Robinet, Alain Schott, qui ont fondé le nouveau journal, *Infomatin*, lorsque beaucoup d'autres journaux ont des problèmes financières. **3** Les 9 Français sur 10 qui ne lisent aucun quotidien; ceux qui travaillent dans les cités, qui sont très occupés, très pressés, âgés de 16 à 50 ans. **4 a** «L'homme qui est...client d'«Infomatin» »; **b** «Les quatre initiateurs... se frottent les mains.»; **c** «Il est vendu... le week-end).»; **d** «La légèreté...l'Aéropostale.»'; **e** «Pourtant... par numéro.»; **f** «Et le journal... ses concurrents.»; **g** «Résultat... deux feuillets et demi.» **5 a** V; **b** V; **c** F; **d** V; **e** F.

Extrait télévisé 7B

Vous avez bien compris?

Avant... a, iii; b, viii; c, iv; d, i; e, ii; f, vii; g, vi; h, v

Après... **1 a** 68; **b** l'info, le sport et la culture; **c** faire de la qualité. **2** Tout le monde disait que les Français avaient besoin de paillettes, de champagne, etc; On a un petit peu moins d'argent que les autres; L'avenir appartient à l'exigence, à la qualité; Nos confrères nous ont attribué pas mal de Sept d'Or.

Un peu de grammaire

1 En 1988, plus de gens regardaient régulièrement la télévision qu'en 1973, mais moins de gens écoutaient régulièrement la radio. En 1988, les gens regardaient la télévision en moyenne quatre heures de plus par semaine. En 1988, les gens écoutaient la radio en moyenne une heure de plus par semaine.
2 En 1988, beaucoup moins de gens lisaient un quotidien tous les jours. En revanche, moins de gens déclaraient ne jamais lire de quotidiens.

Article de presse 7B

Vous avez bien compris?

Après... **1 a** appauvrissement, standardisée; **b** les mots nouveaux, standardisés, apparaissent dans le langage, et la langue Bretonne est très rarement utilisée; **c** la langue est tellement standardisée qu'elle parvient à signifier peu, les textes ressemblent plutôt des conversations; **d** ces mots n'ont pas de réelle signifiance mais ils commencent à remplacer les mots plus significatifs. **2** Elle contribue à réduire le décalage des régions isolées de la reste de la France, de nouveaux phrases se développent. **3** Il n'emploie que 200 mots quand il parle à la télévision. **4** La fermière parle du «stress» de ses vaches; Aujourd'hui la langue bretonne est entrée au musée; Dans le langage audiovisuel l'écrit et l'oral se télescopent; Les hommes politiques adoptent un vocabulaire très simple.

Unité 8
Extrait télévisé 8A
Vous avez bien compris?
Avant... a, vi; b, iii; c, ii; d, ix; e, i; f, viii; g, vii; h, iv; i, v
Après... **1 a**, ii; **b**, i; **c**, ii; **d**, ii; **e**, ii. **2** stations, maussade, marché, précoce, doper, champs, ouverts, semaines.
Un peu de grammaire
1 Des centres de thalassothérapie ont été créés à Biarritz par certains propriétaires.
2 La maison de Pierre Loti était située près de la rivière.
3 Des tournois de pelote sont disputés par les habitants du Pays Basque.
4 La Grande Plage de Biarritz est dominée par les casinos.
5 Près d'Anglet, les touristes sont surpris par un immeuble de vacances en forme de navire.
6 Les meilleures vues sur l'océan seront offertes par la corniche basque.
7 Hendaye-Plage est parée d'une végétation magnifique.
8 Des sorties «pêche en mer» étaient proposées dans le vieux port.
Article de presse 8A
Vous avez bien compris?
Après... **1 a** les brûlures de la peau, la déshydration, l'hydrocution, l'insolation, les coups de chaleur; **b** le noyade; **c** les brûlures; **d** les morsures de serpent, les piqûres d'insectes et de guêpes; **e** les accidents de la route, déshydration; **f** les explosions. **2 a** ...il faut respecter quelques règles d'or de précaution; **b** ...c'est que la plupart de vacanciers rentrent sains et saufs; **c** ... éviter son lot de dangers en suivant les meilleurs conseils (par exemple); **d** ... avant de partir, passez chez le dentiste; **e** ... il faut boire, s'arrêter tous les deux heures, ne laissez jamais les enfants ou les animaux domestiques dans la voiture, même à l'ombre; **f** il vaut mieux prévenir que guérir.
Extrait télévisé 8B
Vous avez bien compris?
Avant... a, v; b, i; c, vi; d, ii; e, iv; f, iii
Après... **1 a** il est probable que les gens mangent leur repas pendant qu'ils regardent la télé; **b** $100.000; **c** l'abstraction, les énigmes; **d** Vermeer, Chardin; **e** au Japon; **f** La Rochelle. **2** l'ancienne, l'extérieur, matière, lui-même, réels, droite, parfaite, tant, échapper

Un peu de grammaire
1 à 2 de 3 de 4 du 5 à, d' 6 de 7 à
Article de presse 8B
Vous avez bien compris?
Après... **1 a** 6.000.012 ans, 9 mois, 33 semaines; **b** la viande abattue six ans auparavant était en vente chez des bouchers; **c** ils ont écrit beaucoup de lettres de protestation; **d** la vitrine d'un musée où l'on étiquète des trouvailles archéologiques; **e** si elle a été congelée suivant les règles de l'art; **f** c'est un additif chimique qui conserve la viande; **g** un produit que a été stérilisé afin qu'il se conserve bien; **h** les vitamines sont plus bien conservées en boîte que sur un étal de marché. **2** *Le Figaro* propose la photo d'un repas; Il peut nous arriver d'avaler du boeuf qui a plusieurs années; Des haricots en boîte peuvent contenir plus de vitamines que des haricots frais; Les vitamines résistent mieux à la chaleur qu'à la vieillesse.

Unité 9
Extrait télévisé 9A
Vous avez bien compris?
Avant... a, vi; b, ii; c, iii; d, iv; e, i; f, v
Après... **1 a** il est difficile de trouver un métier; **b** plus de 300; **c** on peut découvrir plusieurs métiers dont on n'entend pas souvent parler; **d** 5 ans; **e** si on trouve du travail facilement; **f** un ticket qui permet au visiteur de s'inscrire pour une journée en entreprise. **2** le travail plaît, on est bien payé, on a la sécurité de l'emploi.
Un peu de grammaire
1 ...(tout) en approfondissant...
2 Après m'être inscrit à l'ANPE, j'ai reçu...
3 Il a écrit à l'agence avant de poser...
4 Pour changer de poste, vous devriez...
5 Après avoir obtenu son diplôme d'esthéticienne, ma sœur a trouvé...
6 ...(tout) en profitant de la campagne.
7 Elle a passé trois mois en Irlande du Sud avant de partir pour New York.
8 Pour obtenir une carte de séjour, il faudra...
Article de presse 9A
Vous avez bien compris?
Après... **1 a** faire une recherche élargie sur le secteur, faire une recherche plus précise sur l'entreprise elle-même; **b** les journaux; **c** une service de documentation et d'archives; **d** se servir des services de documentation qui se trouvent dans l'université, ou visiter le Centre d'information et de documentation pour la jeunesse. **2 a** annuaires professionnels, une documentation générale couvrant tous les secteurs d'activité, une aide dans le recherche d'emploi (préparer le CV ou un entretien); **b** simulation d'entretien; **c** Delphes - résumé de la presse économique, Téléfirme - l'identité de 1.400.000 établissements français, Infogreff - données des tribunaux de commerce, y compris les chiffres clefs de l'entreprise, SCRL entreprises - plusieurs données sur des entreprises.

Extrait télévisé 9B
Vous avez bien compris?
Après... **1** a, b, c, e, f. **2** Linda - CAP de coiffeuse en Belgique, célibataire, 3.000 F, 2.000 F; Marcel - la rue, chômeur; Raymond - dans une caravane, jardinier. **3** diplômé - qualifié d'un diplôme, licencié - perdu son emploi. **4** que, rencontrées, logement, travail, lancées, d'acceuil.
Un peu de grammaire
1 Il faudra donner une allocation identique à chaque chômeur pour qu'ils aient...
2 Les sans-abris accepteraient de coucher dans un foyer à condition qu'on leur permette...
3 Les entreprises devraient proposer des contrats de courte durée aux jeunes chômeurs afin qu'ils puissent obtenir...
4 Il est inutile de proposer des stages de formation à moins qu'il n'y ait des emplois dans le secteur.
5 Les mères célibataires sont prêtes à travailler pourvu que quelqu'un veuille garder leurs enfants.
6 Il y aura toujours des sans-abri jusqu'à ce que les municipalités construiront assez de logements sociaux.
7 Les jeunes chômeurs ont peu de chances de tomber sur la bonne piste sans que quelqu'un les prenne en charge.
8 Il faudra baisser les loyers avant qu'il (n')y ait une véritable crise du logement.
Article de presse 9B
Vous avez bien compris?
Après... **1 a** plus de 100; **b** le numéro de leur lit; **c** surveillants; **d** i) les serviettes ne sont pas prêtées, il faut se réchauffer près des radiateurs, ii) il n'y a pas de papier toilette, seulement des morceaux de *l'Equipe*; **e** dans le couloir. **2** «Le règlement intérieur étale sur des papiers jaunis une litanie de contraintes.» **3 a** Il a une longue queue de cheval , il inspecte les lieux d'un air inquiet; **b** Il est à la rue depuis 8 mois, il est un des derniers à quitter le réfectoire; **c** Petit bonhomme silencieux, vêtu d'un pull rouge trop grand, il lit *Le Rouge et le Noir.* **4** De la purée-saucisse ou du poulet-petits pois, on n'a ni couteau ni fourchette. **5** Chaque dortoir contient 10 lits (5 lits superposés), presque les uns contre les autres, les couvertures sont grises, élimées, aucune taie, vitres sales, cloisons trop cours, la lumière brûle jusqu'à 20 h 30. Le matin, à six heures, un surveillant crie, «Debout tout le monde», on allume, tous doivent partir avant de 7 h 30.

Unité 10
Extrait télévisé 10A
Vous avez bien compris?
Après... **1** b, a, e, g, c, f, d. **2 a** le ministère des Affaires sociales; **b** les noirs; **c** demander la naturalisation, épouser un Français; **d** un tiers, un sur trois. **3** 1982, 1990, 3.680.000, 3.580.000, 6,3%
Un peu de grammaire
est arrivée – est parti – s'est efforcé – a dû – a fini – s'est décidée – est morte – a fallu – a pris – sont restés – ont déménagé – est tombé – s'est cassé – se sont adaptés – sont retournées
Article de presse 10A
Vous avez bien compris?
Après... **1 a** «Plus précisément,... une femme policier.»; **b** «Parmi les Français,... dernières législatives.»; **c** «Mais ce 3 octobre... étrangers.»; **d** «La municipalité... la population.»; **e** «D'autres, qui... le lassitude.» **2** Il a obtenu qu'un terrain de sport soit crée, et que les parkings soient éclairés. **3** la mise en place d'un nouveau marché le dimanche matin, la création d'une entreprise d'insertion pour les jeunes, la destruction de cinq des plus grosses tours de quartiers, l'intégration des beurs au coeur de la vie civique. **4** 30 ans, l'initiateur du conseil du quartier, sa famille est venue en France au début du siècle, enthousiaste, courageux.
Extrait télévisé 10B
Vous avez bien compris?
Avant... a, iv; b, ii; c, i; d, iii.
Après... **1 a** F; **b** F; **c** V; **d** V; **e** F. **2** détaille, région, tradition, en tête, dernière, zéro femme, se battent, syndicats.
Un peu de grammaire
Combien de femmes députés y a-t-il à l'Assemblée nationale?
Cela vous semble-t-il normal?
Selon vous, les choses vont-elles changer à l'avenir?
A quoi pensez-vous, par exemple?
L'a-t-on déjà essayé?
Voulez-vous changer le mode de scrutin majoritaire?
Votre parti a-t-il étudié...?
Les conclusions sont-elles intéressantes?
Article de presse 10B
Vous avez bien compris?
Après... **1 a** Il faut freiner puis inverser la courbe irrépressiblement déclinante du taux de natalité; **b** La confiance en la société et en l'avenir; **c** l'élargissement de l'allocation parentale d'éducation, l'amélioration des modes de garde, le développement du temps partiel; **d** la crainte que si un couple se sépare, la femme soit laissée dans un embarras financier.